FAIRE EXPLOSER LE

PLAFOND DE VERRE

MICHEL RONDÉ – OUSTAU

FAIRE EXPLOSER LE PLAFOND DE VERRE

UN AUTRE REGARD SUR LA VIE

POLITIQUE , ÉCONOMIQUE et SOCIALE

DE NOTRE TEMPS

ISBN 13   **9781534747456**
ISBN 10 :   **1534747451**

PLAYALDE
<playalde@yahoo.fr>

EN MEMOIRE

À Eugène- Maurice RONDÉ-OUSTAU
Mon père

À Bernadette BESSIERE
Ma mère

SOMMAIRE

AVANT PROPOS

*« Les stéréotypes peuvent être véhiculés par les scientifiques,
comme par le commun des mortels . Ils rendent la recherche
sur les différences entre les sexes plus difficile que la
recherche dans les secteurs moins sujets aux
stéréotypes , comme la physique nucléaire . »*
Mélissa Hines (citée par Postel-Vinay , dans " La Revanche
du Chromosome X ") ,

Dans les années70, le Docteur Raymond Lafontaine , médecin en neurologie infantile à l'hôpital Sainte-Justine de Montréal au Canada , fit une découverte que sa collaboratrice , Béatrice Lesoil , relate ainsi:

*«Voyant environ mille à mille cinq cents enfants par année , il put décoder les réactions de ces derniers et c'est ainsi qu'un jour , en entrant dans mon bureau , il me dit: " C'est bien trop simple , jamais les gens ne croiront ça, mais il n 'y a que deux profils prépondérants, les **auditifs** et les **visuels** "».*

(Introduction à «Êtes-vous auditif ou visuel» - Par Dr Raymond Lafontaine et Béatrice Lesoil)(Éditions Quebecor)

Le Dr Lafontaine appelle visuelle , la personne dont la prédominance va vers ce qu 'elle voit , et auditive , la personne dont la prédominance va vers ce qu'elle entend . Il disait en corollaire;

«Il y a deux façons de voir ou d ' entendre»

C'est pour cette raison que les auditifs et les visuels ont parfois des difficultés à se comprendre .Tout en parlant de la même chose , il ne le font pas de la même manière .

« Aussi , pourrions-nous dire , ajoutait-il , que les visuels entendent ce qu' ils voient , et que les auditifs voient ce qu'ils entendent .»

La découverte du praticien ne devrait pas laisser indifférents tant de parent, aptes désormais à mieux comprendre les problèmes de leurs enfants , ni les enseignants confrontés aux difficultés de certains de leurs élèves .

De plus , on ne saurait trop mesurer combien il est appréciable de déceler rapidement , si son interlocuteur a , ou non , le même profil que soi . L ' importance échappera peut-être à certains, mais que de malentendus, de quiproquos évités, quand on se rend compte que le comportement mental de son vis -à- vis est différent du sien

1° - LES DEUX PROFILS PRÉPONDÉRANTS (2)

Pour le Dr Lafontaine , se basant sur ses observations cliniques , il y a **autant de visuels que d'auditifs** , et il en explique la raison . Si le premier enfant d'une famille est visuel ou auditif , le second prendra l 'autre profil . Pour lui , cette alternance se produit « *à chaque paire d'enfants , mais pas nécessairement dans le même ordre que les deux premiers . »*

Sexes et profils

Alors , une question nous vient tout naturellement. Existe-t-il une corres- pondance entre les deux profils et la séparation des sexes? Autrement dit, chaque sexe a-t-il son propre profil?

Selon mes recherches , si d**ans leur grande majorité les femmes sont visuelles** , **15 à 20 % ont , cependant , un profil auditif** . Quant aux hommes , **auditifs dans leur plus grand nombre**, on peut estimer , que **15 à 20 % d'entre eux sont des visuels.**

L'imprécision de ces pourcentages tient à la nature même de la méthode des tests par questionnaires , utilisée par les chercheurs en psychologie ou spécialisés dans le comportement mental .

La disparité des résultats en traduit la limite . Ce qui est en cause , ce peut- être le choix d'un échantillon peu représentatif , l'option inadaptée pour un type de questionnaire , -- ouvert (plusieurs réponses suggérées) ou fermé (réponses par «oui» ou par «non»)-- , mais aussi la pertinence des questions .

C'est pourquoi il nous est apparu nécessaire de confronter la fourchette de ces pourcentages , avec les résultats de travaux réalisés dans d' autres disciplines .

Cerveau gauche , cerveau droit .

Pour la plupart des spécialistes du cerveau , il existerait des différences anatomiques et fonctionnelles entre le cerveau féminin et le cerveau masculin, et cela sous l'influence directe des hormones sexuelles (testostérone, oestrogènes) .

C'est notamment l'avis du Dr Ginger, cofondateur de "l' École Parisienne de Gestalt"et de Larry Cahill, chercheur au centre de Neurobiologie à l'université de Californie

(.www.enaparte.com/2012/06/12/cerveau-homme-femme-)

Ainsi, selon eux , la femme , serait plus portée sur le partage verbal et la communication, tandis que l'homme serait centré sur l'action et la compétition.

Cependant , le psychothérapeute , Serge Ginger , évoquant les résultats de nombreuses recherches scientifiques portant sur des échantillons statistiques signifi- catifs , et tout en soulignant les différences sensibles de fonctionnement du «cerveau féminin» et du «cerveau masculin», met en garde son auditoire , lui recommandant de ne pas perdre de vue:

*«Qu' on estime qu'il y a environ **20 % d'hommes qui disposent d'un cerveau de type « féminin »** (ce qui n'est pas négligeable) et **10 % de femmes qui fonctionnent avec un cerveau plutôt « masculin ».***

Le cerveau et les deux profils

Peut-on parler de «cerveau masculin» et de «cerveau féminin» , comme le fait le Dr Ginger , quand , (et c'est lui-même qui l'affirme) , **10% de femmes fonctionnent comme une majorité d'hommes et 20% d'hommes comme 80% de femmes?**

S'il avait connu les travaux du Dr Lafontaine , il aurait pu différencier les deux cerveaux , **en opposant le profil auditif de l'un , à celui visuel de l 'autre .**

C'est l'option qui a été prise par le Dr Gilles Racicot , spécialiste en pédiatrie à Montréal (Canada), qui précise les notions fondamentales de son approche théra-peuthique:

*« La première correspond au principe des **profils auditif et visuel** , développé par le neurologue Raymond Lafontaine . D'après ce principe , l' espèce humaine se divise en bdeux profils de personnalité, quels que soient la race , le sexe , l'âge et la latéralité des mains . Dans chaque couple et dans chaque paire d' enfants (1 et 2 – 3 et 4), on trouve: un parent et un enfant de profil auditif , un parent et un enfant de profil visuel .*

«La deuxième est celle du concept des profils hémisphériques- prédominants et secondaires, applicable au traitement des maladies mentales, dont j'ai eu l'intuition en avril 1984.

Les personnes droitières de profil auditif utilisent normalement leur hémisphère gauche de façon prédominante et leur hémisphère droit de façon secondaire. Les personnes droitières de profil visuel utilisent normalement leur hémisphère droit de façon prédominante et leur hémisphère gauche de façon secondaire.»

(Racicot, G., Thérapie épigénétique pour les maladies mentales et les TED , Canada,)

Profils et testostérone .

Pour l ' australien Allan Peace , spécialiste du langage , («Parler la langue» , «Le langage du corps») , dans les causes biologiques qui déterminent notre compor-tement ,

-«Ce sont bien sûr les hormones qui vont influencer la conduite: la testostérone chez l'homme et les estrogènes chez la femme principalement .»

Il estime , parlant des femmes ambitieuses qui recherchent le pouvoir, (autrement dit les auditives) que :

*«C'est toujours la testostérone qui se cache derrière . Et les femmes qui font de la politique n'échappent pas à la règle : elles ont souvent un surplus d'hormones mâles. En effet , il y a environ **une femme sur cinq qui va avoir un tel excès** …. A l 'inverse , **un cinquième des hommes ont un cerveau féminin .»** (**Interview réalisé par «Doctissimo»**)*

*(Une femme sur cinq , c'est **20 %** **d'auditives** parmi les femmes; un cinquième des hommes , représente **20% de visuels** chez les hommes .)*

Profils et pourcentages

Ayant comparé, confronté les résultats issus de différentes analyses, il m'est apparu que le pourcentage de 20% était probablement proche de la réalité, qu'il s'agisse des visuels , comme des auditives . (1)

A contrario , on attribuera le pourcentage de **80% aux auditifs** et **80 %au visuelles** .

Ces pourcentages concernent bien sûr chacun des deux profil pris séparément.

> (**Profil auditif:** hommes: 80%   -   femmes: 20% .
> **Profil visuel** :   femmes: 80%, -   hommes 20%) .

On pourra aussi les répartir selon le sexe , le nombre d'hommes et de femmes dans la société étant sensiblement équivalent:

> (**Hommes:**   auditifs: 80%   -   Visuels: 20%
> **Femmes:**   Visuelles 80%   -   Auditives 20%)   (2)

2° / LES CONTOVERSES SOCIETALES DE NOTRE TEMPS

Dans «La revanche du chromosome X» , Olivier Postel-Vinay cite Nettie Maria Stevens , «pour qui le sexe est le seul caractère capable de séparer les membres d' une espèce en deux groupes» .

Ce qui est faux, s' agissant de «l'espèce humaine». car pour les chercheurs en sciences sociales , en dehors de toute considération sexuelle , les extravertis et les introvertis constituent bien deux groupes séparés , et l' on rappellera que pour le docteur Lafontaine , il n' y a que deux profils prédominants : l' auditif et le visuel .

On s'obstine pourtant à ne vouloir étudier et expliquer les phénomènes sociétaux qu' au seul regard de la séparation hommes-femmes , ce qui conduit à rechercher et à généraliser les caractéristiques qui , majoritairement , seraient masculines ou féminines, pour donner naissance à « la femme statistique » et au modèle de « l' homme standard» .

Tant pis pour ceux et celles , et ils sont nombreux , qui ne pourront se mouler dans ce «prêt à porter» . Ils passeront , au mieux , pour des exceptions , sinon pour des anormaux .

Enfant , dès le cours préparatoire , j'avais compris qu'il n' y avait pas : **les filles** , **les garçons** , mais: **des filles** , **des garçons ;** que des grandes (entendez par là des élèves de CM1 ou de CE2) qui me tyrannisaient au réfectoire, versaient de l'eau dans mon assiette de purée ou salaient généreusement mes pois chiches, n'avaient rien à voir avec le groupe de celles qui, à la récréation de midi,venaient me parler, me materner, jouer aux grandes sœurs avec moi .

Par la suite inscrit à l'école communale de garçons, j'appartenais à une bande de bons copains qui ignoraient les autres garçons de la classe , avec lesquels nous n'avions en commun , ni les jeux , ni les conversations..

J''ajouterai que ce sont deux filles de mon quartier, qui m ' ont initié au joies et aux règles du football . Elle m'ont abordé un soir , au retour de l'école , m'invitant à rejoindre des joueurs de huit à onze ans , qui se retrouvaient après la classe dans l' une des prairies de la Cité. Recruter des camarades de jeu, c'est la solution qu' elles avaient trouvée pour pouvoir assouvir leur passion du football . Sur une vingtaine d'enfants, les filles n' étaient que quatre, mais ce sont elles qui nous motivaient, composaient les équipes .

C'est la raison pour laquelle, bien plus tard, je me refusai de prendre au sérieux les experts en sciences humaines , qui prétendaient que le football est un jeu exclusivement masculin et que les filles , quant à elles , jouent à la poupée et à la marelle .

Quand après mes études , j'optai pour l'enseignement, je ne pus que nuancer ce que j' avais entendu dire de l'autorité comparée en classe, des hommes et des femmes.

Je constatai alors que la fermeté devant les élèves ne dépend pas du sexe , mais de la personnalité, du caractère de l'enseignant, de son profil introverti ou extraverti .

Au début des années 1970, parut le livre du Dr Lafontaine,«Êtes-vous auditif ou visuel?». J'adoptai, sans hésiter, sa définition des deux profils prédominants.

Stop ! aux stéréotypes

Il est navrant de devoir subir , encore et encore, la somme de sottises, déversées quotidiennement dans les différents médias , au nom d'une lutte féministe contre le machisme et les inégalités. En cause , l'ignorance en matière de comportement mental, de ceux que l'on nous présente comme les spécialistes des questions so ciétales, mais qui de fait n'arrivent pas à se départir des stéréotypes fondés sur la différence entre les hommes et les femmes .

Même le bon docteur Ginger qui , pourtant , estime à 20 % les hommes disposant d'un cerveau de "type féminin", et à 10% les femmes qui fonctionnent avec un cerveau plutôt "masculin", se crut obligé de sacrifier à ce genre de clichés .

Il présentait à son auditoire un tableau, censé récapituler les caractéristiques qui distingueraient les hommes des femmes. J' en ai choisi quelques exemples:

FEMMES	HOMMES
Cerveau droit	Cerveau gauche
Orientées dans le temps	Orientés dans l'espace
Dès 9ans:16 mois d'avance verbale	Don pour les mathématiques
Un ballon au sol , le prend dans les bras	Un ballon au sol , shoote dedans
Oestrogènes	Testostérone (hormone de conquête)
Coopération	Compétition
Extériorisation	Intériorisation
Besoin de sécurité	Besoin d' aventure
Etc	Etc....

Pour rendre valide, pertinent et cohérent ce tableau, qui n' est en l'état qu'une liste de stéréotypes, il suffirait de remplacer, dans l' intitulé des colonnes :

«FEMMES» par «**PROFIL VISUEL**» et «HOMMES» par «**PROFIL AUDITIF**»

Autrement dit , pour ne donner que quelques traits de caractère , on notera que les personnes , souvent assez volubiles , qui s'extériorisent volontiers , sont conciliantes , coopèrent facilement , ont un besoin de sécurité , sont celles dont **le côté droit du cerveau domine** le côté gauche . Confiante en leur intuition , elles agissent souvent par instinct . Elles sont plutôt émotives , artistes , créatives , littéraires , volontiers perfectionnistes .

Leur **profil dominant est visuel**. (80 % sont des femmes , mais 20% sont des hommes .)

Chez les personnes autoritaires , qui recherchent le pouvoir , la domination , la compétition et sont ambitieuses, **le cerveau gauche l'emporte** sur le cerveau droit. Rationnelles , elles aiment l'ordre , sont organisées . Elles intériorisent, ont l'esprit de déduction . Elles aiment le risque et ont soif d'aventure . Leur **profil dominant est auditif .** (80 % des hommes le sont , pour 20% de femmes .)

On est bien loin , on le voit , des stéréotypes courants , hommes-femmes .(4)

Un éclairage nouveau

Le Dr Lafontaine , centra ses recherches sur les personnes . Dans son livre : " Êtes-vous Auditif ou Visuel " , il s ' intéresse au profil de l' enfants, de l' adolescent, de l 'adulte , qu'ils soient visuels ou auditifs , étudie leurs comportements à l' école , à la maison , dans leur environnement social .

Parmi les adeptes des deux profils , Antoine de la Garanderie traita principalement de la pédagogie:. (« Les profils pédagogiques », « Réussir, ça s'apprend», «Le dialogue pédagogique avec l' élève».. ..)   (3)

D 'autres , des psychologues , se sont lancés dans des thérapies familiales , ou dans l 'étude du langage. Mais l' approche est toujours individuelle .

Aucune étude à ce jour , à ma connaissance, n 'implique les profils auditif et visuel des populations , dans l 'analyse des faits de la vie politique, économique et sociale de notre temps .

Enseignant les "Sciences économiques et sociales" , il m 'apparut très vite nécessaire et indispensable d' inclure dans mes réflexions , le rôle et la place des comportements mentaux , pour réellement rendre compte du fonctionnement de la société .

J ' ai acquis la certitude que «Les Grandes Controverses Sociétales de notre temps», bénéficiaient d' un éclairage nouveau , dès lors qu' l' on considérait les   usagers , les citoyens , les acteurs de la vie politique, économique et sociale , non plus dans une classification sexuelle , hommes ou femmes , mais dans les caractéristiques , auditives ou visuelles , de leur comportement mental .

---

(1) Personnellement , observant le nombre important de pourcentages oscillant autour de 17%, 18 % (18% d' hommes dans la coiffure , 18% d'étudiants à l École de journalisme à Lille , 17% de femmes créatrices d' entreprises , 17% de femmes chefs d' entreprises .....) , j' aurais penché intuitivement pour 17,5 % d' auditives et 17,5 % de visuels.

*Mais , on conviendra que l'écart de la fourchette, entre 17,5% et 20% , est de toute façon trop faible pour remettre , seul , en cause **des analyses fondées , pour l'essentiel , sur le petit nombre relatif des auditives et des visuels (hommes) .***

*(2) **Le profil Kinesthésique** .*

Il arrive que des interlocuteurs me demandent la raison pour laquelle je ne fais pas appel dans mes analyses au profil des kinesthésiques .

Si l'objet de mon étude avait été la pédagogie , j' aurais traité (par exemple) de la mémorisation des leçons , en prenant en compte tous les profils , y compris le profil kinesthésique dans ses caractéristiques .   (voir ANNEXE II - Méthodes de mémorisation)

*Mais dans mon essai « **Faire exploser le plafond de verre** » , je n' ai pas vu (ou pas su voir) en quoi des données concernant les kinesthésiques auraient pu m' apporter des éléments utiles à l' analyse des faits sociaux , politiques et économiques étudiés .*

Comme nous avons tous , à des degrés divers , tous les profils , les kinesthésiques sont présents dans cette étude , mais en tant que visuels ou auditifs .

*(3) Ceux qui s'intéressent à la pédagogie , qui voudraient en savoir plus sur «Le dialogue pédagogique» , pourront lire avec profit **«Apprendre à se connître , à communiquer , à réussir sa scolarité et sa vie» (Les Éditions du Net)** , l'ouvrage fort complet sur la «Gestion mentale» de **Joseph Idjus** , disciple d'Antoine de La Garanderie .*

(4)   Êtes-vous visuel ou auditif . ?

*Le site internet:«A **RealMe-arealme.com» (visuel ou auditif)**, vous propose de répondre à un test d'une série de 31 questions , à l'issue duquel vous saurez si vous êtes plutôt cerveau gauche (auditif) ou cerveau droit (visuel) , et dans quelle proportion . (Par exemple: cerveau droit 36% , cerveau gauche 64%) .*

1

POURQUOI LA MÉTHODE DE LECTURE GLOBALE

EST - ELLE DOMMAGEABLE ?

«Chacun sait aujourd'hui que la méthode globale
est totalement destructrice pour l'intelligence,
déstructurante pour la personnalité des enfants et
surtout quasi irréversible. Tout le monde en connaît
les résultats chiffrés depuis de très nombreuses
années... et pourtant , on accepte toujours comme
une fatalité les chiffres de l'illettrisme et l'analpha-
bétisme qui en découlent.

Élisabeth Nuyts (2002) -
(Pédagogue de la parole - « École des illusionnistes»)

Une spécificité française .

La méthode de lecture globale est spécifique à la France , un des rare pays , si ce n'est le dernier , à la maintenir. Les États Unis , l 'Allemagne , le Royaume Uni , la Finlande..., l' ont abandonnée depuis plusieurs décennies. Chez nous , elle continue à produire ses méfaits . (1)

La méthode préconise de partir du dessin de chaque mot , que l ' enfant doit retenir entier , globalement , sans le décomposer , pour le reconnaître ensuite , avec sa signification , dans des textes successifs qu'il sera amené à lire . (D' où des confusions, comme: «sorcière» pour «souricière», «maison» pour «saison»), «uriner» pour «ruiner»., «bataille» au lieu de «bouteille» , …)

Les méfaits de la méthode globale

On estime de 20 à 30% , les enfants entrant en 6° qui ne maîtrisent pas suffisamment la lecture ou encore ne savent pas du tout lire . Comment pourrait-on alors s'étonner que , dans les études comparatives sur le niveau scolaires des différents pays , la France , autrefois louée pour ses résultats , soit chaque année de plus en plus mal classée . Dans l 'enquête PISA 2012 (Programme for International Students Assessment) , notre pays , (au 22° rang en 2011) , avait encore perdu trois places .

Dans les années 70, le Professeur Debray-Ritzen, médecin– chef de l' Hôpital des Enfants Malade , à Paris, dénonçait les ravages que causait sur les jeunes intelli-gences, la pratique de certaines méthodes d'enseignement, notamment s'agissant de la lecture .

Si un chirurgien , disait-il, échoue dans ses interventions , cela se voit et , rapidement , on lui retirera l' autorisation d 'exercer . Par contre , un enseignant, en toute bonne conscience , en toute impunité et pendant toute sa carrière , par le choix d' une méthode de lecture inadaptée à certains de ses élèves , pourra causer des dégâts irréparables sur un nombre incalculable d 'intelligences .

Il disait aussi , de façon imagée , que si l' on transposait en termes de bloc opératoire ce qui se passe pour la lecture en CP , dans d'innombrables classes de France , il y aurait du sang partout .

C'est dire que le célèbre chirurgien ne se fit pas que des amis. Les idéologues de tout poil , de l 'enseignement , de la pédagogie , de la recherche en éducation , lui imposèrent le silence . Il était médecin , pas enseignant .

« Si j 'étais un médecin du pancréas, répliquait le chirurgien *, on me laisserait une paix royale . Mais voilà , je suis un médecin du cerveau des enfants , donc du support des facultés intellectuelles et des comportements . J'ai l ' habitude , par métier médical de m ' incliner devant les réalités de la nature .»* («*Présent* » - *28 janv. 1983*)

Mais des réalités de la nature , hélas ! les idéologues n' ont que faire .

Ce n'était pas un homme de polémique . Il avait exprimé en conscience ce qu' il avait à dire . Il se consacra désormais exclusivement aux enfants de l ' hôpital Necker .

Quarante ans d' un inutile débat .

En 2006 , quand le ministre de l 'Éducation Nationale, M. Robien, préconisa l 'abandon pur et simple des méthodes dites globales , (Journal officiel - arrêté du 30 mars 2006) , on aurait pu penser que le débat qui divise parents et enseignants depuis plusieurs décennies, serait désormais clos .

C 'était sans compter sur la résistance du corps enseignant . Les syndicats appelèrent les professeurs des écoles à ne pas appliquer les recommandations de la circulaire sur la lecture interdisant l'usage de méthodes globales..» («Le Monde» - 6 janvier 2006) . (2)

Un an après , on avançait que le pourcentage de professeurs de CP qui refusaient d ' appliquer la méthode syllabique , atteignait 93 %. .

Aujourd'hui , à Paris et dans la Petite couronne , seules 4% des enseignants ont choisi de la pratiquer. (France 2 - Le 15 septembre 2014 .- David Pujadas , journal de 20 h .)

Cela fait quarante ans que cela dure, au détriment de millions d'enfants, dont certains n'auront jamais appris à lire correctement . Quarante ans , que cette méthode a cours et que le débat existe . Quarante ans ! (vous lisez bien!) , pendant lesquelles les autorités compétentes n' auront jamais voulu enquêter sur l ' efficacité comparée des établissements qui pratiquent , les uns la première , les autres la seconde des méthodes ! Roland Goigoux , professeur en sciences de l' éducation à l' Université Blaise - Pascal de Clermont — Ferrand et spécialiste de l ' apprentissage de la lecture , déplorait :

> *« Les pouvoirs publics ont toujours refusé de financer une étude qui aurait permis de faire l' inventaire des pratiques et de les mettre en rapport avec les résultats des élèves . »*
(Le Monde – 13 décembre 2005).

Pourtant , il est de notoriété publique que les écoles , adeptes de la la lecture syllabique , ont la faveur des parents et qu'elles sont très souvent dans l' obligation de refuser , faute de place, les demandes d' inscriptions d' un grand nombre de familles fuyant la méthode globale de l 'école (publique ou catholique) de leurs enfants .

Le 15 septembre 2014 , au «**Journal de 20 heures**» de David Pujadas , on apprenait que le Commissariat à l'énergie atomique de Saclay avait expérimenté, sur des enfants en cours d' apprentissage de la lecture , les deux méthodes : la syllabique et la globale, en ayant recours à l'imagerie par résonance magnétique (IRM) .

Le résultat est probant . Le scientifique Stanislas Dehaene en tira la conclusion que *la méthode syllabique* sollicitait l'hémisphère gauche du cerveau , «le circuit universel de la lecture» . Partant du mot , l'enfant visualise les lettres , puis les syllabes . Autrement dit , il passe du simple au compliqué , de l 'analyse à la synthèse . Il ajoutait:

«*Tout autre circuit d'apprentissage éloigne l'enfant de la lecture*».

Les deux profils , auditif et visuel, face à la méthode globale .

Nous avons tous des capacités visuelles et auditives , et en conséquence les deux mémoires , mais à des degrés différents . Les ressources visuelles , auditives, variables selon les individus , seront chez chacun de nous plus ou moins étendues. Les plus favorisés , pouvant en être généreusement dotées , d'autres partiellement privées .

La méthode globale

Les enfants , qui ont une mémoire visuelle suffisante, s'accommoderont bien d 'une méthode qui leur demandera de photographier , de retenir , les mots dans leur globalité .

Quand on me demande d'expliquer pourquoi la méthode globale est une mauvaise méthode , je réponds , un peu provocateur:

« C'est une excellente méthode , mais pour un tout petit nombre d'enfants seulement , l**es plus visuels** des visuels . Malheureusement pour d'autres , **les purs auditifs ,** elle est inadaptée , criminellement dévastatrice , car ces enfants , quasiment dépourvus de mémoire visuelle , rencontreront des difficultés insurmontables dans leur apprentissage. A entendre lire les camarades en classe , ils retiendront de mémoire (auditive) les textes qu 'ils finiront par connaître par cœur, sans pouvoir pour autant déchiffrer le moindre mot sur la page du livre .

La méthode syllabique

La méthode syllabique qui part du son de chacune des lettres pour , par assemblage , donner la prononciation de la syllabe , **est la seule qui soit adaptée aux auditifs** . Ce qui plaide d'autant plus en sa faveur , c'est qu 'elle est totalement inoffensive pour les visuels, qui ont de toute façon sous les yeux le texte de la lecture .

On m ' a souvent opposé l 'argument selon lequel l 'enfant qui déchiffre un texte par le B.A=BA, n 'en comprendrait pas le sens . Et la lecture , sans intérêt pour lui , manquerait de le motiver .

D 'abord , en est-on toujours sûr , et si c'est le cas , quelle importance ? Quand l 'enfant sera parvenu au terme de son apprentissage , il aura tout loisir , lisant couramment , de chercher à comprendre . Et puis , l 'argument peut-être retourné. Si inadapté à une méthode globale , l'enfant se trouve dans l 'impossibilité de lire, sera-t-il à même de mieux comprendre un texte qu 'il ne peut correctement déchiffrer ?

Chaque chose en son temps . Ce qui est primordial , c 'est l 'apprentissage de la lecture . On aura bien le temps par la suite de passer au commentaire de texte .

C 'est tellement vrai , qu 'au milieu du siècle dernier encore, les frères des Écoles Chrétiennes , pour vérifier que l' apprentissage de la lecture était bien achevé , demandaient aux élèves de lire dans un livre en latin , un texte dont ils ne pouvaient comprendre le moindre mot , ni deviner le sens d'une seule phrase .

Les méthodes mixtes .

On pourra m 'objecter que la méthode globale n' a quasiment jamais été pratiquée et qu 'il serait plus vrai de parler de méthodes mixtes (ou semi-globales) , que ce soit «Gafi le fantôme» ,«Ratus» , «Abracadalire» «Ribambelle»...etc...

Mais c' est bien d ' elles que l'on parle , quand on dénonce les méfaits d'une approche globale de la lecture , car elles concernent le texte , les phrases , les mots , d' abord dans leur globalité .

«Le côté global de la méthode mixte est conservé contre toutes les protestations, contre toutes les conséquences si brutalement observées... Il y a là comme un acharnement à conserver cette idée de global.»(Marc Le Bris)("L 'apprentissage de la lecture pour les élèves de primaire" .)

Car , si chaque méthode mixte commençait par le côté syllabique de la méthode, il n ' y aurait rien à redire . On introduirait , par la suite , trois ou quatre semaines après , des exercices portant sur la globalité des mots , mais sans fâcheuses conséquences , puisque les enfants , rassurés , posséderaient , alors et déjà , les vérita-bles clés de la lecture . (3)

La procédure inverse est dommageable pour ceux des auditifs qui n 'ont que très peu de mémoire visuelle. Leur imposer durant des semaines, voire des mois , une longue immersion dans la globalité , sans qu 'une étincelle de compréhension ne vienne les habiter, c' est les plonger dans le doute, le désespoir de l 'échec, et laisser se créer , chez certains , la phobie de la lecture , avec la conséquence que, même la partie syllabique de la méthode , abordée dans une deuxième étape , risquera alors de demeurer inopérante .

Des élèves sacrifiés .

L'ignorance est telle, en matière de comportement mental, qu'on se lamente régulièrement sur le pourcentage d' enfants qui ne savent pas lire en entrant au collège , sans pouvoir préciser que ces enfants sont , pour la plus grande part , **des auditifs** victimes de la méthode globale . (4)

Or , l**es auditifs sont , pour 80%: des garçons , et 20 %: des filles** .

Fort heureusement , les auditifs dans leur large majorité , possèdent des res- sources visuelles suffisantes qui leur permettent de s' en sortir sans trop de dommage . Ce n' est pas le cas pour ceux qui en sont les plus démunis , et l' on comprendra aisément, au regard des pourcentages d' auditifs (donnés plus haut pour chaque sexe), que les plus nombreux à être pénalisés seront les garçons .

On compte , en moyenne , dans les classes de CP , une fille en difficulté pour trois à quatre garçons .

----

(1) «Méthode globale ou pas méthode globale? Dans le monde entier la cause est entendue . Les États Unis (dès 1954) , l 'Allemagne , le Royaume Uni , la Finlande (plus récemment)sont revenus de cette théorie née au début du siècle dernier qui voudrait qu'il soit plus facile de mémoriser des mots entiers plutôt que de les déchiffrer syllabe par syllabe . Mais pas la France , où la méthode globale , sous ses divers avatars (méthode semi-globale , naturelle , photonique , interactive , grapho-visuelle!) , continue de causer les ravages que l'on sait , au grand dam des dizaines de milliers de parents qui , constatant en janvier que leur enfant de 6 ans confond allègrement «le» , «de» , et «ne» , qu'il «photographie» indistinctement «chapeau» , «château» et «chameau» , se ruent sur l 'antique méthode Boscher: « Toto a été têtu» .
*(Éditorial d' **Alexis Brézet** - «Le Figaro» du 29 août 2006)*

(2) «Trois syndicats appellent à ne pas obéir à la circulaire sur la lecture . Les trois principaux syndicats d'enseignants de l 'école primaire, le SNU-PSU, le SE-UNSA et le SGEN-CFDT , ont appelé, mercredi 11 janvier, les professeurs des écoles à ne pas appliquer les recommandation de la circulaire sur la lecture interdisant l'usage de méthodes globales..»
(«Le Monde» - 6 janvier 2006)

(3) «......Avec la méthode semi-globale , l'enfant commence , au cours préparatoire , par apprendre globalement les mots pendant plusieurs semaines avant de passer au déchiffrage . Nous considérons qu'il faut au contraire , commencer par le syllabique.»
(Gilles de Robien - Le Monde – 13 décembre 2005)

(4) «Si 15 à 20 % des enfants ont des difficultés de lecture , seuls 8% souffrent de dyslexie pure , avec un ratio de trois garçons pour une fille .» (Docteur Charlotte Tourmente)

2

LES FILLES SONT-ELLES MEILLEURES ?

L ' "Observatoire des inégalités" (3 fév.2009)   commente ainsi une enquête sur les résultats scolaires :

« Les filles réussissent mieux en français dans les petites classes, ont plus souvent leur bac et une licence, voire un master. On compte plus de filles que de garçons à l'université. Quand on creuse, on s'aperçoit que les garçons ont de meilleurs résultats en mathématiques au primaire, écart qui s'estompe en troisième. Au lycée, ils sont beaucoup plus représentés dans la filière S (scientifique), qui conduit aux filières les plus sélectives de l'enseignement supérieur. A l'université , les garçons sont moins nombreux que les filles, mais obtiennent plus souvent un doctorat. Les filles représentent les trois quarts des classes préparatoires littéraires, mais seulement 30% des scientifiques. Elles ne représentent qu'un gros quart des élèves en école d'ingénieurs».

Dans "Le Monde" du 08 mars 2011 :

«Les évaluations sont formelles: en début de CE2, les filles ont en moyenne des notes supérieures de cinq points aux garçons en français et inférieures de deux points en maths. Trois ans après, à l'entrée en sixième, l'écart n'a pas changé en français mais les garçons ont creusé l'écart en maths, qui est maintenant de quatre points ».

Des matières pour les deux profils

En fait , à travers les statistiques , ce qu'il faut voir ici , pour pouvoir avancer une explication , ce sont les prédispositions des visuels pour les matières littéraires, et la préférence des auditifs pour les mathématiques , en se gardant bien de ne pas oublier que **80% des filles sont visuelles et que 80% des garçons sont auditifs .** Dès lors, **r**ien de bien surprenant à constater que les filles,en général ,sont meilleures en français et que les garçons réussissent mieux en mathématiques .

Les auditifs ont l'esprit déductif,fait pour l'analyse,la logique et la réflexion. Les visuels , eux , intuitifs et acteurs spontanés , procèdent par analogie et esprit de synthèse , avec une logique inductive .

Orthographe , grammaire .

Les visuels (80% des filles et 20% des garçons) , déjà avantagés dans l'apprentissage de la lecture avec la méthode globale , n 'auront pas de difficultés durables en orthographe du fait de leur bonne mémoire visuelle.On dira parfois d'eux, qu'ils ont une orthographe naturelle .

Les auditifs (20% des filles et 80% des garçons) , auront plus de mal à maîtriser l ' orthographe , et pour ceux qui n 'ont que très peu de qualités visuelles , la dictée restera toujours un supplice humiliant et la dysorthographie un véritable handicap . L 'essentiel de leurs fautes d ' orthographe portent sur les mots d'usage , moins sur les accords et les règles grammaticales, car ils excellent en grammaire . Ils apprennent volontiers les règles et les verbes , en général à l'aise dans le par cœur. Ils réussissent plutôt mieux que les visuels dans l' analyse des mots et des propositions .

Latin , mathématiques .

Ainsi, par leurs aptitudes, les auditifs sont-ils les mieux armés pour réussir en mathématiques et dans les matières scientifiques , grâce à leur logique, à leur sens du détail , du réel, et à leur grand appétit de connaissances .

Leurs dispositions pour la grammaire et le par cœur , expliquent pourquoi ils réussissent plutôt bien en latin , une langue de déclinaisons et de conjugaisons complexes , domaine du par cœur . On entend dire souvent: « Bons en maths , bons en latin» . Dans ces deux matières , on est dans le domaine de la logique

Quant aux visuels , à l 'école et au collège , ils peuvent faire illusion en mathématiques jusqu'à la classe de troisième ou de seconde . Ensuite ils excelleront dans les études littéraires,les enseignements économiques, sociaux, et les activités qui en sont issues .

Sauf pour quelques uns qui sont dotés aussi de bonnes ressources auditives , les pousser à risquer des études scientifiques , au motif que la filière littéraire manquerait de débouchés , les conduirait inévitablement à l 'échec .

Bien sûr , c 'est vrai en algèbre et en géométrie, comme ça l'est en orthographe et en grammaire, la plupart des élèves suivront sans problème les programmes, au moins jusqu'à la 3° de collège .

Mais on ne pourra empêcher les auditifs de préférer l' algèbre, et les visuels de se sentir plus à l 'aise avec les figures géométriques , et un peu moins avec les équations .

La limite de ces statistiques .

En fait , que « Les filles réussissent mieux en français » , que les garçons aient «de meilleurs résultats en mathématiques en primaire», qu'ils soient au lycée «beaucoup plus représentés dans la filière S (scientifique), qui conduit aux filières les plus sélectives de l'enseignement supérieur.», que « Les filles représentent les trois quarts des classes préparatoires littéraires, mais seulement 30 % des scientifiques » , tout cela est conforme aux caractéristiques des deux profils , l 'auditif et le visuel .

Il n'échappera à personne que , si l ' on dit que les filles sont meilleures en français, c 'est au regard de leur nombre (80% du total des visuels), car rien n'interdit d' imaginer le cas , où sur un même niveau de classes, ce seraient les 20 % de garçons visuels qui seraient , par leurs notes, devant elles .

A l 'inverse , en mathématiques , ce serait de voir les 20% d' auditives avoir les meilleurs résultats de la division. A partir de là toutes les combinaisons sont imaginables , qui viennent relativiser la supériorité des uns sur les autres .

C'est pourquoi je préfère dire que les visuels (garçons et filles) sont meilleurs en français , tandis que les auditifs (garçons et filles) le sont en mathématiques .

Ainsi , proclamer: « Les filles sont meilleures en français , les garçons en mathématiques », c'est généraliser à tort une tendance majoritaire pour sombrer dans le stéréotype .

Le redoublement .

Il est indéniable , cependant , que ce sont les garçons qui rencontrent le plus de difficultés pendant leur scolarité .

Dans un article du "Figaro" (08 mars 2011) on lit :
«Filles et garçons ne sont pas non plus égaux face à l'échec scolaire. Les Journée d'appel de préparation à la défense (JAPD), que passent chaque année plus de 700 000 jeunes, révèlent que le pourcentage de garçons en «grande difficulté» en lecture est de 15% contre seulement 8,7% pour les filles! On sait également qu'elles redoublent moins que les garçons dans le primaire. À la fin du secondaire, 85% des filles et 80% des garçons obtiennent un diplôme.»

Si vous interrogez les enseignants du primaire , comme ceux du collège, il vous diront , et cela dès le CP , que , parmi les élèves en échec scolaire , les garçons sont plus nombreux .

En a-t-il toujours été ainsi ? Non . Je me souviens que dans les années 50 et au début des années 60, on estimait que les garçons avaient plutôt de meilleurs résultats que les filles .

Comment expliquer ce renversement ? Je vois à cela plusieurs raisons .

==Les affinités en classe .

Le docteur Lafontaine affirme:(Cf: l'«Avant Propos») qu' il y a deux façons de voir ou d ' entendre . Aussi , les auditifs et les visuels ont -ils parfois des difficultés à se comprendre car , tout en parlant de la même chose , il ne le font pas de la même manière .

Le praticien nous donne la clé pour   comprendre que les élèves visuels d'une classe seront d' autant mieux réceptifs aux explication , que le professeur sera lui-même de profil visuel . L'enseignant auditif , de son côté , passera bien auprès de ceux qui ont le même comportement mental que lui .

Un blocage scolaire résultera souvent de la mésentente de l'élève avec son enseignant , tension issue de l ' incompréhension réciproque d ' un visuel et d' un auditif .

Or , dans l ' après guerre , la mixité n ' existait pas encore , (sauf dans les classes uniques des petits villages) . L ' enseignement était dispensé par des hommes à l'école des garçons , par des femmes à l' école des filles .

Autrement dit, des enseignants , en grande majorité des auditifs , faisaient la classe à des garçons , à 80 % auditifs . Des enseignantes , donc surtout des visuelles , prodiguaient leur enseignement à des élèves , à 80% visuelles

Aujourd'hui , la mixité est la règle dans presque tous les établissements et le corps enseignant s' est considérablement féminisé . De ce fait , ce sont les affinités visuelles qui , dans la grande majorité de cas , favorisent donc 80 % des filles , mais 20 % des garçons , seulement.

(Voir ANNEXE I Les affinités à l 'école)

== La méthode semi-globale .

Une deuxième raison est liée à la méthode de lecture, appliquée de nos jours dans l'immense majorité des cas , au détriment des auditifs.

Lorsque j' étais élève , et même au début de ma carrière d' enseignant, c'était encore la méthode traditionnelle du B, A=BA qui était partout pratiquée .

Le drame , de nos jours , pour les plus auditifs , dotés de peu de capacités visuelles , c' est que le handicap , pris dans l ' apprentissage de la lecture en CP , les marquera tout au long de leur scolarité , et cela dans toutes les matières de base . Les garçons , majoritairement auditifs , seront donc les plus pénalisés par la méthode globale . On compte en moyenne trois à quatre garçons qui ont des difficultés à lire , pour une fille .

L ' Orientation

Les filles représentent près des trois quart des élèves dans les classes préparatoires littéraires , mais seulement 30% des scientifiques. Elles ne sont qu' un gros quart des élèves en école d' ingénieurs ,(selon l'«Observatoire des inégalités» du 3 février 2009)

Aussi ,Véronique Chauveau , vice-présidente de l 'association « Femmes et Mathématiques » , regrette-t-elle que les filles boudent les études scientifiques tant à l' université qu'en grandes écoles . Elles ne sont que 16% à étudier les mathématiques, et 20% la physique dans les facs   .

Elle estime que l' ascenseur à filles est dangereusement bloqué,qu' au rythme où vont les choses , il faudra attendre 2080 pour atteindre la parité entre chercheurs et chercheuses en science dure , au «Centre national de la recherche scientifiques »

« Quant au femmes, profs de mathématiques dans le secondaire ,il faudra bientôt lancer une enquête pour les trouver» . .

(Le Monde/économie du 03/03/2014)

De son côté , Laurence Broze , présidente de l «' Association «Femmes et Mathématiques» , se lamente:

«En mathématiques appliquées (qui s' intéressent à des problèmes venant d' autres sciences), les femmes tirent un peu mieux leur épingle du jeu, mais cela ne suffit pas à faire bouger les lignes. " Toutes disciplines et grades confondus", on a , à l 'université , 40% de femmes pour 60% d' hommes . En mathématiques , c'est 20% de femmes pour 80% d' hommes .»
(Sciences Avenir du 12 novembre 2014).

(Notons que ces **20% de femmes**, ces **80% d'hommes** ,ne nous surprennent pas. Ils sont conformes à la répartition que nous connaissons :
20% d' auditives pour 80% d' auditifs .

Pour le «Haut Conseil de l'Egalité entre les femmes et les hommes, comme pour les multiples associations qui militent pour la promotion professionnelle des femmes , la même question demeure sans réponse:
«Comment convaincre les jeunes lycéennes à se lancer dans les études scientifiques, alors qu'elles réussissent , au moins aussi bien que les garçons , en classe de terminale S ? Qu'est ce qui les retient de franchir le pas , qu'est-ce qui ne va pas entre les sciences et les filles? »

En quête d' une explication
À cela , on répond communément , qu'une des causes du rejet des études scientifiques par un certain nombre de filles , résulterait de la nuisance des préjugés. Les métiers de la science seraient réputés ingrats , rébarbatifs .
Pour d'autres, selon l'idée que l'on s'en fait en général, ces professions seraient réputées masculines , de sorte que les garçons jugeraient peu féminines et moins gracieuses , les filles qui optent pour les disciplines scientifiques .

Si ces explication ont du mal à convaincre, par contre, il en irait tout autrement avec l'argument suivant , plus pertinent , (à condition de bien préciser *: "Les filles visuelles ..")*
«Les filles (. …..) se sentiraient moins capables d' accéder aux métiers scientifiques que les garçons . Elles manqueraient de confiance en elles . Elles se sous- estimeraient et penseraient qu'il est difficile dans ces métiers d'avoir une vie personnelle et une vie familiales »
En effet,les traits de caractère, qui viennent d' être énoncés, correspondent au profil des visuels . Ils ne concernent en aucun cas les auditives , « accrocheuses », stimulées par l'ambition,le plan de carrière et,en tout cas, moins attachées aux valeurs familiales .

Profils et choix de vie
On ne peut donc que le constater , un bon niveau en terminale S , n'est pas à lui seul déterminant pour que les lycéens décident , sans hésiter , d'entreprendre des études scientifiques . Pourtant , l' entourage met toujours l'accent sur la qualité

des débouchés offerts par les filières mathématiques et scientifiques , et sur les activités , à la fois valorisantes et lucratives , qui leur sont promises , comme en témoignent deux polytechniciennes :

Aliénor Togonal: *«J'étais bonne élève et mes parents m' ont incitée à opter pour la filière scientifique, car elle offre de beaux débouchés . Je prépare ma thèse en double diplôme à Polytechnique et à l'université de Singapour»*

Laurence Rézeau: *«C'est ma mère qui m' a dit que comme j'étais bonne en maths, il fallait que je m'oriente vers les sciences qui permettent de trouver un travail ......Il est donc important de pousser les filles autant que la société et les familles le font pour les garçons .*
(Journal des Grandes Ecoles - 23 novembre 2014)

Laurence Rézeau se trompe lorsqu'elle affirme que la société et les familles poussent davantage les garçons que les filles vers les études scientifiques . A l'école, dans la presse , à la télévision , la grande croisade de notre époque , n'est-elle pas de persuader les filles d'entreprendre une formation scientifique , afin de tendre à la parité , à l égalité entre les hommes et les femmes ?

Nous avons, tous, les deux profils, auditif et visuel ,mais à des degrés divers. Comme un grand nombre de lycéens sont brillants élèves , aussi bien dans les disciplines littéraires que dans les matières scientifiques , ils ont parfois du mal à déterminer quel est leur profil prédominant. Des visuelles, bonnes littéraires, peuvent être aussi très douées en mathématiques ; des auditifs , forts en maths , exceller en français .

Pour beaucoup , c'est au moment d'un choix , ou quand ils seront face à des décisions importantes , qu'ils prendront conscience de leur profil prédominant . Une étude réalisée par le «Ministère de l' Education Nationale» , éclaire bien ce constat .

Selon les statistiques réalisées parmi de bons élèves en mathématiques , 5 à 6 filles sur 10 , choisissent une formation scientifique , contre 9 garçons sur 10 .

Certes , les débouchés , les revenus, que peuvent leur offrir les filières mathématiques et scientifiques, restent fort attrayants pour un grand nombre d'élèves. Mais pour d'autres, à vouloir tout considérer, ils ne peuvent pas être les seuls critères de choix .

Comment ne pas mettre dans la balance la vie professionnelle dont on rêve, le style de vie que l' on souhaiterait mener , à Paris , en province , à l' étranger. Nous avons tous nos priorités, nos projets , nos attentes: l 'ambition pour certains , la vie familiale pour d' autres , et une multitude d' aspirations , sans parler de notre conception personnelle du bonheur. C'est alors que l' on réalise à quel profil on appartient .

La proportion de 5 à 6 filles sur 10 qui choisissent une formation scientifique n' est pas pour nous surprendre . A défaut de pouvoir savoir quelle est la part de chacun des profils dans ces prises de décision , on ne peut s'empêcher de penser qu'il doit y avoir une forte probabilité pour que les filles de « S » , qui ont renoncé aux études scientifiques , soient de profil visuel .. Quant à la proportion de 9 garçons sur 10 , elle est conforme à ce que l' on sait des auditifs .

Ajoutons qu' il y a nécessairement des visuels , et des visuelles , qui optent pour les filières scientifiques . Il serait très intéressant d'en connaître le pourcentage . Dommage que les enquêtes nationales ignorent l'existence des deux profils .

3

INIQUE PARITÉ

La femme serait vraiment l'égale de l'homme
le jour où à un poste important , on désignerait
une femme incompétente .
Françoise Giroud- *("Le Monde " 11 mars 1983)*

Pour marquer la journée de l ' environnement , et sensibiliser les enfants à la propreté de leur commune , la municipalité d ' une ville de province entreprit de solliciter les élèves des établissements scolaires , pour une matinée de nettoyage. Une centaine de volontaires vinrent s ' inscrire à la mairie .

Le jour venu , munis de sacs poubelles , ils furent répartis en plusieurs petits groupes et , encadrés par le personnel communal , avec le concours du service de la voirie , ils curèrent les ruisseaux , rendirent aux rives des cours d'eau leur propreté et laissèrent impeccables les lieux qui avaient été souillés par des décharges sauvages.

A midi , retour à la mairie des commandos de la propreté . Après les remerciements du maire , dans un discours fort éloquent , on apporta plusieurs caisses en carton contenant les récompenses , une centaine de boîtes de chocolats .

Les plus doués d' entre nous en calcul mental en auront conclu : «Une boîte de chocolat pour chaque volontaire»

Eh bien , non ! Vous n ' y êtes pas du tout Le maire , féministe convaincu , ayant observé , en consultant la liste des inscrits , qu ' il y avait 17 filles dans le groupe, leur demanda de se rassembler près d' une table , à sa droite , et invita les 83 garçons à se réunir , à sa gauche , autour d ' une autre table . Il fit déposer , sur chacune d'elles , cinquante boîtes de chocolats , à charge aux garçons d 'un côté et aux filles de l ' autre , de se les partager .

J'imagine entendre déjà vos protestations :
«C ' est scandaleux ! Il n' y a là , **ni justice , ni équité !**»

Non , bien sûr . Mais **c'est la parité .** Seriez - vous contre l ' égalité ? N' y a-t-il pas dans les écoles et les collèges de la ville , sensiblement , autant de filles que de garçons ?

La parité : une imposture .

C'est de cette même façon que l'on s' emploie à justifier la parité en matière de listes électorales .N ' y a-t-il pas en France autant de femmes que d' hommes ? On se souvient du vieux slogan des féministes : «Un homme sur deux est une femme .»

Alors , cette fable ou parabole , tout droit sortie de mon imagination , transposons-là , mais cette fois dans la réalité concrète des Législatives .

Les hommes sont cinq à six fois plus nombreux que les femmes à se porter candidats à l ' investiture . C ' est une statistique qu' il est difficile de ne pas connaître . Mais le propre des idéologues n ' est-il pas d' ignorer la réalité ? Alors , on a voté une loi , inique , démagogique , pour que dans chaque parti , sous peine de pénalités , 50 % des investitures soient réservées aux femmes , des femmes qui ne représentent que 17 % à 20% de l 'ensemble de ceux qui désirent se présenter aux Législatives .

Ne croyez pas pour autant que les femmes politiques soient toutes favorables aux quotas . Il suffit d 'entendre certaines élues dénoncer ces mesures qu 'elles jugent insultantes pour les femmes . Députées ou sénatrices , ne sont -elles pas la preuve que les femmes n' ont besoin ni de protection , **ni de quotas , pour s ' affirmer et se faire élire ?** Être femmes (1) , n ' a empêché , ni Ségolène Royal d 'être au second tour de la présidentielle en 2007, ni Eva Joly ,Marine Le Pen, d 'être candidates en 2012 .

Christine Boutin et Corrine Lepage n ' ont pu aller jusqu'au bout , faute de parrainages suffisants . Plusieurs d'entre elles sont de plus à la tête de leur propre parti . A la même époque présidentielle , Martine Aubry , tenait les rênes du parti socialiste . Cécile Duflot , le 4juin 2011, avait été reconduite à la tête d'EELV avec 92,7% des votes.

A l ' inverse du résultat recherché , les compositions des gouvernements Ayrault et Valls , sont contre-productives , dans la mesure où l 'accent a été fort maladroitement mis sur la parité , plutôt que sur la compétence des femmes nommées aux ministères ..

Dans «Le Monde» du 13 septembre 2006 , Mme Alliot-Marie s 'exprimait ainsi :

« Je n' aime pas beaucoup les facilités et la démagogie . La loi sur la parité, que je n ' ai pas votée , m ' a ainsi paru une facilité donnée à des hommes qui camouflaient leur manque de courage à affronter d ' autres hommes , en mettant des femmes à leur place, notamment en ce qui concerne les candidatures aux législatives (...) La loi est une contrainte . Car pour faire du nombre , on va mettre des femmes qui ne sont pas forcément motivées .»

Mme Badinter , quant à elle , prône l ' universalisme républicain et prévoit des dérives mortelles pour la République , celles du communautarisme .

«L'argument du nombre engendrera de nouvelles revendications paritaires de la part d'autres communautés raciales , religieuses , voire culturelles ou sexuelle» .

(Dans Le Monde en 1996) (Citée par Anne Chemin) .

Mme Laure Leforestier , qui fut membre du MODEM , reconnaissait: *« On à déjà bien du mal à trouver des femmes , même engagées politiquement , pour des responsabilités dans les structures internes du parti ou pour des candidatures électives , sauf à*

"être contraintes ou forcées" .»(Emission «Parlons Net»- Partenariat avec le «Figaro»-
03/04/2009)

Question de profil .

Pourquoi cette difficulté à instaurer la parité? Y aurait-il un profil de l' acteur politique ?

Joseph Macé-Scaron de «Marianne» , lors de l' émission , sur I-Télé («55 rue du Faubourg St. Honoré») , le 13 juin 2012 , à propos de Ségolène Royal en campagne à La Rochelle , commentait :

*«Elle ne renoncera pas , c ' est une **tueuse»** .*

Son vis-à vis , Yves Thréard   du «Figaro», renchérit :
*« Tous les politiques sont des **tueurs»** .*

C ' est aussi l' avis de Corine Lepage (Maviepro – 10 déc. 2009) , qui de son côté déplorait :

*«Les femmes **tueuses** sont plutôt rares. Difficile de tracer son chemin en politique quand on n'est pas un **tueur**.»*

Marine le Pen l'a très bien compris . Pour affermir son pouvoir à la tête du F. N. , elle n' a pas hésité à tuer (politiquement) son père .

C ' est qu' il y a chez l 'acteur politique un appétit , de la ténacité , une détermination certaine . Il est mu par l ' ambition , la soif de pouvoir. Il aime le débat , la confrontation , l 'action , la compétition . Souvent idéologue , doctrinaire. Parfois sectaire .

Les auditifs

Le lecteur aura reconnu, dans **le profil de l'acteur politique, celui de l'auditif, auquel appartiennent 20% de femmes** , environ .

Les auditifs , engagés dans la vie politique , ne sont cependant pas toujours dépourvu de qualités visuelles   qui seront , selon les individus , plus ou moins étendues. Certains ont plus d' humour et un meilleur sens du contact que d'autres. Les plus visuels, rechercheront assez volontiers la conciliation, l'adhésion, l'empathie.

Les plus auditifs , se complairont plutôt dans la confrontation .

Les visuels

Les élus visuels ne sont pas pour autant absent des instances politiques , mais ils y sont minoritaires .Ce n 'est pas qu'ils soient dans l 'incapacité d 'exercer un mandat ,d'accéder à un poste d' autorité. Ils le font plutôt bien quand ils sont en charge d'une responsabilité. Cependant , peu ambitieux , ce n' est pas dans leur nature de se porter spontanément candidats à des mandats électifs , de convoiter des postes de responsabilité .

Il arrive néanmoins, que dans certaines circonstances, des opportunités favorisent leur entrée en politique .

C'est ainsi que nombre de diplômés de l' Université , ou formés dans les grandes écoles , sont recrutés comme conseillers ou en tant qu'experts par les ministères , les administrations , ou les collectivités locales . Reconnus pour leur compétence , proches des décideurs , il n'est pas rare qu'on les sollicite pour qu'ils se présentent à des élections .

Mme Alliot-Marie , après des études de droit , est d'abord assistante à l'Université Paris II , puis Paris I , avant d'être engagée , en 1972 , par Edgar Faure, ministre des Affaires sociales , au poste de conseillère technique. Incitée à se présenter en 1986 aux législatives , en Pyrénées atlantiques , elle sera élue et intégrera alors le gouvernement de Jacques Chirac comme secrétaire d' état à l' enseignement .

L'élu visuel , l' est parfois du fait de sa filiation . Il succède en quelque sorte à son père ou à sa mère , lorsque ceux-ci se retirent de la vie politique, tirant parti de leur notoriété. C'est ainsi qu' en 1983, le journaliste Dominique Baudis, sollicité pour prendre en main les destinées de la ville de Toulouse, assurera la relève de son père Pierre Baudis . Il sera par la suite élu député .

Marion Maréchal-Le Pen est l'une des dernières visuelles à avoir rejoint les bancs de l' Assemblée nationale .C'est son grand père qui l 'a persuadée de se présenter dans la circonscription de Carpentras, voulant, par sa petite fille interposée, prendre une revanche sur des ennemis qui l' avaient accusé d'être à l 'origine de la profanation du cimetière de la ville.

Jean-Marie Le Pen,répondant aux journalistes, dira qu'elle avait accepté l'investiture, non par ambition mais par devoir. C'est l' un des traits caractéristiques du profil des visuels .(**2**)

Les visuels , dans l'action politique, privilégient le dialogue , la recherche du compromis , de l 'adhésion . Ce ne sont pas des «tueurs» contrairement aux auditifs , et c'est parfois ce qui les dessert. Jean-Louis Borloo, n' avouait-il pas récemment, sur une chaîne d' information, que son caractère naturellement aimable et conciliant, l'avait plutôt desservi dans la construction de sa carrière politique ?

Des pourcentages têtus

Vouloir instaurer à tout prix la parité par la loi est injuste, inopérant et contraire au libre fonctionnement naturel de la vie sociale et politique . C' est nier la réalité que de vouloir refuser que ne s'expriment librement , selon leurs charismes, les différents profils du comportement mental.

Malgré tout, une réalité têtue montre que les pourcentages de femmes élues restent relativement stables, sans perspective de forte évolution, sinon par des mesures injustes, contraignantes et totalitaires , comme cela vient d' être le cas en France avec la loi sur la parité .

C' est pourquoi, sur le terrain politique, pré carré des auditifs, les statistiques s 'obstinent à nous donner une constante, autour de **20 %** de femmes élues, pourcentage conforme , en proportion dans la population, aux **20% de femmes chez les auditifs** .

Alors, pourquoi trouverait-on choquant que les auditives soient minoritaires au Sénat et à l 'Assemblée nationale . Ce qui fait problème , c'est plutôt l'absence des visuels (80 % des femmes et 20% des hommes) . Qui peut m'expliquer en quoi ils seraient mieux représentés, s'il y avait à l'assemblée 50 % d'élues auditives qui , par leur comportement mental , ont des options et des préoccupations bien différentes des leurs .

(Voir dans le chapitre 2 : « *En quête d' une explication* » - « *Profils et choix de vie* »)

D'autre part , on pourra méditer sur les exemples suivants, illustration d' une réalité tenace :

Si la loi impose dorénavant , grâce à une stricte parité dans les villes de plus de 1000 habitants , une alternance hommes-femmes sur les listes présentées aux municipales, (on recensait en France 40% d ' élues dans les conseils en 2014) , les femmes n' étaient que **13, 8 %** aux postes de maires où il n ' y a pas d'obligation de parité . Elles étaient 6 élues parmi les maires des 38 villes de plus 100 000 habitants (**15,7 %**). (3)

Dans les Conseils généraux , elles représentaient en 2010 , **13,1 %** des élus. En mars 2015, si l'on recense autant de femmes que d'hommes élus aux élections départementales , ce n' est que par l' effet d'une réforme électorale, démagogique et ridicule . (4)

L 'Assemblée nationale comptait 12, 2 % de femmes en 2002 , 18,5 % en 2007. **Depuis 2012** , (favorisées par le traitement de faveur que constitue pour elles l'exigence des quotas , sous peine de sanction financières pour les partis) **, elles son**t désormais **26,6 %** .

Au Sénat , elles représentaient **21,9 % des sièges en 2008** , **21,8 % en 2011** . Le dernier renouvellement du 28 septembre 2014 , à porté leur nombre à **87** sur un total de 348 sénateurs , soit **25 % des sièges**

Et **à l 'étranger**, qu ' en est-il ? "L' Union Interparlementaire" a établi une moyenne mondiale sur la présence des femmes dans les parlements nationaux . En 2014 , **la moyenne mondiale des femmes élues était de 21 %** , toutes chambres confondues , (soit en Europe 22,6 % , en Amérique 22,8 % , en Asie 17,9 % , en Afrique subsaharienne 19,7 %, aux Etats arabes 13 % , dans le Pacifique 14,9 %).

Au 31 janvier 2007 , **sur les 189 parlements existants , 35 étaient présidés par une femme (soit 18,5 %).**

Encore une fois , toutes ces statistiques qui tournent autour de 15 à 22%, ne sont pas pour nous surprendre , rapprochées aux 20% d' auditives .

On cite souvent les 40 % de femmes qui siègent au parlement de Suède , (grâce aux quotas imposés) . Mais Mme Christine Fauré , directrice de recherche au CNRS , ne peut que nuancer :

«Les femmes aux postes de pouvoir ne sont que 18 %.»
(Emission «Parlons Net» en partenariat avec le "Figaro" (03/04/2009) » .

(**1**) Simone Veil témoigne:*« Je n' ai pas souffert de discrimination , c'est même parce que j' 'étais une femme que j'ai été projetée sur la scène politique .»*
(*«Le Monde» – 8 , 9 avril 2007)*

(**2**) *Marion Maréchal Le Pen n' a pas eu à combattre pour obtenir son investiture , ce à quoi répugnent en général les visuels . Elle a trouvé dans sa circonscription une équipe en place de militants, bien organisée et structurée par le parti . Intelligente , juriste de formation , elle n'a pas eu de peine à faire campagne .*
Benjamine des députés élus , elle fut désignée comme scrutatrice , conformément au règlement , lors de l'élection du bureau de l' Assemblée , retransmise par plusieurs chaînes de télévision .
Les internautes de tous bords , sur les réseaux sociaux se firent l'écho de la surprise des téléspectateurs . La jeune élue ne correspondait en rien à l image convenue que l'on se fait de la femme politique , introvertie , telle qu'elle apparaît , dans les émissions et les reportages du petit écran . Ils découvraient une jeune femme visuelle , à l'aise dans ses postures , le visage extraverti, souriant naturellement , qui captait la lumière et semblait aimanter vers lui toutes les caméras .

(**3**) *La nécessité de trouver un nombre suffisant de femmes pour constituer des listes aux élections municipales , en respectant l'alternance hommes-femmes , ne pose pas de problème dans les villes à forte densité de population Il n'en va pas de même dans les petites municipalités, quand le nombre d'auditives volontaires s'avère insuffisant pour constituer cette alternance . On se tourne alors vers les visuelles , peu motivées pour la vie politique et l'action municipale . Ce n'est qu' à force de pression , de persuasion , que la liste pourra compter le nombre de femmes nécessaire pour permettre son dépôt en préfecture .*

(**4**) *Aux élections départementales de 2015 , seules 10 femmes ont été élues à la tête des départements .*
On ne peut invoquer le «machisme» dans le fait que 9 hommes sur 10 aient été portés à la présidence sur l'ensemble des départements , le nombre de femmes élues dans chaque assemblée étant strictement le même que celui des hommes .
Rien d'anormal à cela , dans la mesure ou le vote pour désigner le président ne se fait pas en considération du sexe masculin ou féminin des candidats, mais au regard de leur appartenance politique . Or , ce sont les appareils des partis qui désignent les candidats à la présidence , d'où l'importance pour les femmes de renforcer leur nombre dans les instances , si elles veulent un jour pouvoir inverser la tendance . Mais c'est un faux problème .
On pourrait aussi rappeler , dans un même ordre d'idées, qu' à l'élection présidentielle de 2007 , Ségolène Royal , première femme à accéder au second tour , fut battue par Nicolas Sarkozy , alors que les femmes sont majoritaires dans le corps électoral .On a pourtant parlé de «machisme» pour expliquer son échec . A l' époque j' avais pourtant été surpris , dans la sphère familiale , comme dans les dîners en ville , d'entendre les hommes , en général , louer les qualités de Ségolène Royal - ce qui ne veut pas dire qu'ils aient tous voté pour elle - alors que les femmes , (toujours dans mon échantillon) , la dénigraient plutôt, doutant de ses capacités et de ses compétences .

Dans le "Courrier des lecteurs " de Marianne (du 23 août 208) , sous le titre de «Solidarité féminine et citoyenne» , on pouvait lire , toujours à propos de vote «machiste» :

" A propos de votre article sur la France des machos , il ne faut tout de même pas oublier que concernant la représentation politique au niveau local , départemental , régional et national , il y a plus d'électrices que d' électeurs .

Ainsi , je me demande pourquoi les femmes ne votent pas pour les candidates lors des scrutins . Mesdames , si vous vous trouvez sous-estimées , vous n' avez à vous en prendre qu'à vous-mêmes. ".   (Alain Robert)

C'est , en peu de mots , dénoncer le refoulement «machiste» des féministes , et souligner l ' inanité de leur obsession en matière de parité .

4

POUR UNE AUTRE ÉGALITÉ

L'incroyable complexité de la nature humaine que la théorie économique a eu de bonnes raisons de négliger jusqu'à maintenant ,mais qu'il faut réintroduire petit à petit ,si l'on veut que les résultats de cette théorie gagnent en réalisme (...)
(A. Hirschman, Vers une économie politique élargie, 1986)

Chaque année , la journée des droits de la femme donne l 'occasion aux différents mouvements féministes de se lamenter , en mesurant le chemin qu 'il reste encore à parcourir pour parvenir à une réelle parité hommes-femmes au pouvoir dans les entreprises , et pour voir se resserrer l 'écart qui sépare la moyenne des salaires masculins et féminins . Pourtant depuis 1999 , date de l ' inscription de la parité dans la constitution , les lois ne manquent pas , qui prétendent «favoriser l ' égal accès des femmes et des hommes .... aux responsabilités politiques , professionnelles et sociales».

Comment dès lors expliquer que la mise en pratique de ces dispositions soit depuis 15 ans vouée à l ' échec?

LES FEMMES ET LE POUVOIR

Il va de soi , et tout le monde s'accorde à le reconnaître : aujourd'hui , les femmes n' ont rien à envier aux hommes dans quelque domaine que ce soit , les arts , le sport , la mode , l' œnologie , la littérature , les sciences , ...etc...

Nombre d' entre elles disposent de postes ministériels , dirigent des entreprises et sont même à la tête de groupes importants. Anne Lauvergeon, ancienne dirigeante du groupe nucléaire Areva, est maintenant au conseil d'administration d'Airbus, de Total , d' Américan express . Elle est devenue depuis le 15 mars 2014 , administratrice du géant minier Rio Tinto . Elle est conseillère du gouvernement français en matière d' innovation .

Mercedes Erra est une femme d' affaire . Elle a créé la BETC-RSCG qui , en quinze ans , est devenue la deuxième agence la plus créative au monde . On pourrait aussi parler de Laurence Parisot, out récemment encore présidente du MEDEF, et de bien d' autres femmes encore .

Mais ce palmarès est trompeur, car les statistiques s' obstinent à nous donner une constante. Seules 17% de femmes sont à la tête d' entreprises , malgré les innombrables actions engagées pour obtenir la parité des hommes et des femmes au pouvoir. C' est ce que les féministes appellent le «plafond de verre».

== Le «plafond de verre» .

Selon l' INSEE, parmi les 300 000 dirigeants salariés d'entreprise, 17% sont des femmes . Elles ne constituent que 7% des cadres dirigeants des 5000 premières entreprises françaises . Les femmes représentent 17 % des créateurs d ' entreprises .

Autre exemple, le Conseil Scientifique ne compte que 2 femmes sur 11, soit (18,1 %).

Concernant les entreprises , et pour l 'ensemble de la planète, selon une organisation américaine , «Catalyst » , qui observe l 'évolution de la parité hommes-femmes, et que cite Marie-Béatrice (Cahier du Monde du 6 mars 2007), au rythme actuel des changements :

« Il faudra encore attendre 47 ans avant que les femmes ne soient à parité avec les hommes aux postes de cadres dirigeants »

(Les femmes occupaient , en 2006 : 14, 6 % des sièges aux Conseils d'administration de 500 entreprises).

Des entreprises, comme L'Oréal, Barclays, Suez, Total et bien d'autres, se fixent des objectifs quantitatifs. «Nous voulons recruter 30% de femmes dans les années qui viennent, annonçait par exemple Catherine Ferrant, mais ces résolutions se trouvent confrontées **à la pénurie de filles dans les Grandes écoles : elles ne sont que 25% seulement.»**

Ainsi, une réalité têtue montre que les mesures prises pour imposer la parité, n'ont pas été suivies de résultats significatifs. Les pourcentages concernant les femmes au pouvoir dans les entreprises restent très stables, sans perspective de forte évolution .

Même Mme Parisot, militante convaincue pour la parité, n 'avait pas été capable de faire élire plus de 7 femmes sur 45 membres (15,5 %), au Conseil exécutif du MEDEF . Elles n' étaient que 2 sur une équipe de 11 , à siéger au bureau exécutif .

Les seuls arguments avancés par les féministes, pour expliquer ce **«plafond de verre»**, seraient le machisme, l'égoïsme masculin, les habitudes désuètes, qui rendraient si difficile,voire impossible, de progresser vers la parité dans les postes de pouvoir .

D' où l' idée d' imposer aux entreprises, comme on l' a déjà fait en politique pour les élections municipales, des contraintes radicales, c'est à dire l' instauration de quotas.

[voir ANNEXE IV - Diktat des féministes]

== Quotas et discriminations.

Mais , contrairement à ce que l 'on pourrait penser, l' instauration de quotas ne fait pas l' unanimité chez les femmes qui détiennent des postes de pouvoir. Elles considèrent la contrainte des quotas, humiliante et dégradante pour elles , et elles sont nombreuses à affirmer qu ' elles n'ont pas eu besoin de mesures préférentielles, ou de quotas correctifs, pour accéder aux responsabilités, que ce soit en politique, au sein des entreprises ou dans l ' Administration .

+ Inutilité des quotas

En fait, ce n 'est pas le «machisme» qui est en cause dans ce que l' on appelle le «plafond de verre» , mais l' effet de proportionnalité .

On a montré dans le chapitre 3: «Inique Parité» qu' il y a un profil du pouvoir, pouvoir qui nécessite, comme disent les politiques, un tempérament de « tueur».

Ce profil , c'est celui des auditifs, caractérisé par l' ambition personnelle, le goût du risque, de la puissance , mais aussi l' attrait du combat et de la compétition .

Je rejoins Allan Peace, australien, spécialiste du langage, quand il écrit que :

« Pour entrer en politique , il faut rechercher le pouvoir , l ' autorité , la domination .... C'est toujours la testostérone qui se cache derrière . Et les femmes qui font de la politique n ' échappent pas à la règle: elles ont souvent un surplus d' hormones mâles . En effet , il y a environ une femme sur cinq qui va avoir un tel excès . Ce sont pratiquement exclusivement ces femmes-là qui entrent en politique .»   { 1 }

Seulement voilà, **chez les auditifs, seules 20 % sont des femmes**. Dès lors, où est le «machisme» censé expliquer le plafond de verre? En réalité, le pourcentage de femmes au pouvoir dans les entreprises, dans les institutions politiques et l' Administration , est conforme à la proportion que représentent les femmes chez les auditifs . (20% de femmes et 80% d'hommes)

+ Injustice des quotas

Comment , dés lors , peut-on trouver équitable qu ' au nom de la parité, l' on puisse prétendre vouloir attribuer les postes d' autorité, à égalité entre des hommes et des femmes qui sont faits pour le pouvoir, quand on sait que ces femmes ne représentent que le cinquième du total des auditifs?

Que dans la fonction publique , les femmes ne constituent, dans les strates du pouvoir, que 14% des 7780 postes supérieurs, n'a rien de révoltant, même si l' on doit constater qu' elles n'atteignent pas les 20%, un pourcentage qui, en toute équité, devrait être le leur.

Allan Peace lui aussi , récuse les quotas :

«Même si vous adoptez des lois pour la parité,cela favorisera uniquement les fem-

mes qui ont un cerveau (qu' il appelle, à tort , selon moi)*:"masculin"* [2] *. Au final ,
vous aurez une formation politique ou un gouvernement avec autant d' hommes que de femmes sur
le plan anatomique , mais les femmes ne seront pas pour autant mieux représentées .»*

En effet, les auditifs, ce ne sont que la moitié d'une population. Il est sans
doute regrettable, dans un pays démocratique que, du seul fait de leur charisme pour
le pouvoir, les auditives et les auditifs aient vocation à se répartir les sièges parle-
mentaires et les postes supérieurs dans les entreprises et l' Administration, alors que
l' autre moitié, celle des visuels , (80 % des femmes et 20% des hommes), en est
pratiquement exclue?

C' est pourquoi , vouloir lutter contre les inégalités , au regard des disparités
globales qui existent entre hommes et femmes , n ' a aucun sens .**C'est ce mauvais
diagnostic qui explique l' échec des mesures, préconisées depuis tant d' années,
pour atteindre la parité et l'égalité .**

Car la grande injustice , flagrante celle-là , c' est de laisser les auditifs , les
auditives, monopoliser les postes de pouvoir et percevoir les salaires les plus élevés,
alors que l ' autre moitié de la population , celle des visuels , est constituée par les
véritables laissés pour compte de l'égalité .

DES MESURES POUR L ' EGALITE

Que les auditifs , hommes et femmes , soient au pouvoir sans partage dans la
vie politique , économique et sociale , est non seulement la négation du «sacro-
saint» principe d' égalité , mais s' avère préjudiciable aussi à l'équilibre harmonieux
qui devrait prévaloir dans toute société .

Ce qui caractérise leur profil, c'est l' ambition, le plan de carrière, la réussite
professionnelle , la domination . Autant de projets , certes légitimes , cependant
étrangers aux visuels (hommes et femmes) qui peuvent difficilement apporter un
rééquilibrage , dans la mesure où ils sont absents du pouvoir , ou très minoritaires ,
au parlement , en entreprises et dans les institutions . **Les lois , ce sont des auditifs
qui les votent .**

Cela explique pourquoi les valeurs , notamment familiales , chères aux
visuels, sont fort mal défendues. Il n'est pas sain que priment toujours l' affrontement,
les conflits , les rapports de force , les intérêts partisans et égoïstes. Les visuels
devraient pouvoir apporter leur sens du dialogue, du consensus et del'apaisement.(3)

Si la famille est si malencontreusement mise en pièce aujourd'hui,c'est que,
absents de l ' exercice du pouvoir, ils ne peuvent peser efficacement, face aux idéologues qui ont pour objectif d' abolir toute structure familiale classique, à laquelle, eux
visuels, sont pour la plupart fort attachés .

== Promouvoir les visuelles et les visuels

Une véritable politique pour l' égalité , celle-là bien réelle , devrait répondre
à cette simple question:

«Quelles sont les mesures à mettre en place pour promouvoir les visuels , anormalement absents des postes de pouvoirs ?»

Ce n'est qu'en favorisant l' accès des visuelles aux organes de direction, que l'on pourra faire exploser ce que les féministes appellent à tort,"**le plafond de verre''**. A cette fin , on peut avancer une série de mesures .

+ Offrir aux littéraires des postes de responsabilité , de direction .
Un des moyens pour faire avancer la parité , serait d ' inciter les entreprises à faire appel à des diplômés extérieurs , de formations littéraires , juridiques ou commerciales, le plus souvent de profil visuel, afin de pourvoir des postes supérieurs, au lieu de réserver systématiquement les places de responsabilité à des cadres issus en général du sérail, appartenant au même secteur d 'activité et, la plupart du temps, de formation scientifique .
C'est ce que confirmait Jacques Renaud, (vice-président aux formations professionnelles à l 'université de Marne-la-Vallée):
« Les managers de haut niveau viennent tous des grandes écoles».

A la tête d'une importante usine de Courbevoie , deux frères que j' avais rencontrés à l'occasion d' un congrès à Sion (Suisse) , affirmaient que pour gérer le personnel, diriger des équipes, ou pour le contact avec la clientèle, ils préféraient recruter des candidats sortis des formations littéraires . Avec eux, disaient-ils, les contacts sont de qualité, souvent des plus chaleureux. Qu'ils n'aient aucune des compétences voulues pour les techniques industrielles pratiquées dans l'entreprise, ne présentait aucune incidence négative .
A l 'époque , j ' en avais conclu que c'était la formation littéraire qui avait rendu ces candidats, aptes à diriger avec doigté et efficacité le personnel de l' usine. Mais plus tard, je réalisai que leur compétence à mener les hommes, ils la devaient, non pas à leurs études littéraires, mais aux qualités relationnelles de leur profil de visuels : l' empathie, la recherche de l 'adhésion .
Et il était dans la logique que, visuels, ils se soient orientés vers des études littéraires .
Si les littéraires sont encore peu représentés dans les entreprises, ils intéressent de plus en plus les responsables chargés du recrutement , séduits par leurs talents de visuels . Ce qu' ils apprécient chez les diplômés des sciences humaines , ce sont avant tout leur esprit critique, de bonnes capacités d'analyse et une grande souplesse d' adaptation .
C'est ainsi que, depuis 2012, la compagnie d' assurances «Générali» s'efforce de recruter «des étudiants en master de lettres , (recherchés) pour leur capacité de synthèse et d'adaptation» . (Antoine Dreyfus)

+ Former les visuels à 1 ' exercice du pouvoir
Lors d' une session organisée à l' intention d'étudiantes désireuses de s'informer sur les carrières ouvertes aux femmes , une formatrice disait avoir été

surprise que, sur l'ensemble des questions qui lui avaient été posées, aucune n ' avait eu trait aux modalités d'accès aux postes de responsabilité dans l ' entreprise et dans l' Administration ; ni en projets , ni dans les possibilités offertes. Manifestement , elle avait eu affaire à un groupe exclusivement de visuelles .

On pense souvent que, contrairement aux auditives, les visuelles (80 % des femmes) ne sont pas faites pour le pouvoir . Or l'expérience montre que les visuelles à la tête d' entreprises réussissent plutôt bien. Ce sont souvent des raisons fortuites qui les ont amenées à en prendre la direction . Après le décès du directeur d' une entreprise familiale, sa femme ou sa fille se voient parfois contraintes d' en assurer la pérennité . Ou il a fallu remplacer, ne serait-ce que provisoirement, le directeur malade , une occasion pour une collaboratrice de montrer son aptitude à diriger .

Il est vrai que les visuelles et les visuels; (20 % des hommes , ne les oublions pas) , ne manquent pas de compétences . En plus des qualités dont nous avons déjà parlé,ils sont perfectionnistes et se vouent totalement à leur tâche. Mais ils manquent de confiance en eux, c' est l' une des caractéristiques de leur profil. Ils pensent qu' ils ne sont pas faits pour l' exercice du pouvoir, car ils doutent, souvent à tort , de leurs capacités et n'envisagent même pas de proposer leur candidature .

Pourquoi, dès le collège , ne pas prévoir dans les programmes, une initiation à l' étude du comportement mental, afin que visuels ou auditifs, par une meilleure connaissance de leur profil respectif, tirent le meilleur parti des qualitésqu'ils portent .

Au lycée , quelle que soit la filière , ne serait-il pas profitable d' étendre « l' Initiation économique et sociale» au programme de toutes les classes , en vue d'inciter de futurs candidats à une meilleure approche du pouvoir, en les formant à une meilleure compréhension des faits politiques , économiques et sociaux .

+ Informer sur l 'orientation .

Pour favoriser l 'accès aux postes de responsabilité des visuelles , la seule volonté des dirigeants d' entreprise ne suffit donc pas , encore faut-il que ces femmes acceptent de se montrer plus volontaristes et deviennent plus confiantes .

De grandes entreprises et des écoles d' ingénieurs l' ont bien compris, qui envoient des émissaires à la rencontre des étudiants et des élèves de lycée, ciblant notamment les filles, lors de forums pour l 'emploi, afin de les informer sur les possibilités de formation offertes. L'enjeu est de leur permettre, ensuite, d'avoir accès à des emplois plus rémunérateurs que ceux qui pourraient leur être proposés à l 'issue des filières littéraires .

Chez «Total», par exemple, pour les femmes, l'accent est mis sur l 'absence de limite d' âge lors du recrutement . De plus, on garantit que pendant son congé de maternité, la femme continuera à être augmentée « aux taux annualisés des trois années précédentes». (M. Jordan)

== **Revaloriser les salaires des visuels .**

Quant aux mesures à prendre pour promouvoir l' égalité des salaires, une démarche différente   doit être mise en œuvre . Ne parlons plus des inégalités entre hommes et femmes , mais comparons plutôt les salaires des auditifs (et auditives) avec ceux des visuels (dont les visuelles , bien entendu) .

Ce sera une grande avancée pour plus d' équité, quand on aura réalisé qu' il n'y a pas de métiers d' hommes , ni de métiers de femmes , mais des activités profes-sionnelles, des secteurs, où du fait de leurs qualités, de leurs charismes, s' épanouis-sent plutôt les visuels ou plutôt les auditifs .

On pourrait ainsi remarquer, pour les revaloriser, que les emplois occupés principalement par des visuelles : soignantes, aide-soignantes, sages-femmes, infir-mières, professeures d'école, employées du textile, secrétaires, par exemple, sont ceux qui sont les moins bien rémunérés .

En cela, on serait bien inspiré en France, de suivre l'exemple du Canada qui, pour tenter de corriger les disparités, vient d' augmenter substantiellement les salai-res dans les professions, dites (à tort) féminines .

Quant au pourcentage de mères de famille françaises qui travaillent dans des emplois du secteur public , mieux rémunérés , il n' est que de 35 % , (contre 75% en Suède). Certaines mesures de politique familiale resteraient donc possibles .

== Mise en cohérence de certaines mesures dites «en faveur des femmes» , (congé maternité, congé parental , temps partiel), mesures dont on nous dit, par ailleurs , qu'elles les pénalisent dans leur avancement , leur salaire et fragilisent leur emploi . Or ne l'oublions pas , **80 % des femmes sont des visuelles** .

Cela dit , comme le constate Margaret Maruani , directrice de recherche au CNRS (Le Monde – 25 mars 2009) ,« Aujourd'hui , l'écrasante majorité des femmes ne s' arrête plus de travailler quand elles ont des enfants . Elles ont donc les mêmes trajectoires professionnelles que les hommes» .

On pourrait encore souligner l' incohérence de certaines décisions. Ainsi, en période de crise, est-t-il bien sérieux de vouloir augmenter la durée du congé parental et d' obliger le mari à le prendre conjointement avec son épouse, sous peine de le voir réduit de trois ans à deux ans et demi, si la mère est seule à en bénéficier? Et cela au nom d' une «pseudo et sacro-sainte égalité hommes-femmes» [4] , pour que le mari soit lui aussi pénalisé dans son salaire et son avancement, du simple faitde son congé ?

---

(1)   Pour Allan Peace , australien , spécialiste du langage («Parler la langue» , *«Le langage du corps»*) , *dans les causes biologiques qui déterminent notre comportement , «ce sont bien sûr les hormones qui vont influencer la conduite: la testostérone chez l'homme et les oestrogènes chez les femmes principalement . Si la majorité des politiciens sont des hommes , ce n 'est pas uniquement à cause de la société et des inégalités . C'est aussi parce que le taux d' hormone a un impact direct sur les comportements et la manière de penser et d'appréhender l 'environnement »*
(Interview réalisé par «Doctissimo»)

(2)   20 % des femmes fonctionnent avec le cerveau gauche , (comme 80 % des hommes) , Le taux de 20 % apparaît trop élevé pour que l ' on puisse généraliser et parler de cerveau masculin . En effet , les femmes proches d'une large majorité d' hommes par leur comportement mental , n'en gardent pas moins leur féminité spécifique .   Pour ma part , je parlerai plutôt de cerveau « auditif» puisque , chez ces hommes et ces femmes , c'est le profil auditif (cerveau gauche) qui est prédominant . (Inversement , dans la même logique , pourquoi ne pas évoquer un «cerveau de type visuel» , chaque fois que le profil prédominant est visuel (cerveau droit) , chez un homme ou chez une femme ?)

(3) Le docteur Escoffier-Lambiotte rendait compte d'un livre écrit par M.A.Montagu, professeur à l'Université de Princeton (La supériorité naturelle de la femme - Buchet – Chastel) [Le Monde 2 août 1972]

«A l 'oppression physique de jadis , a succédé .....un envahissement progressif de tous les secteurs sociaux et de tous les rapports humains par un esprit de   compéti- tion qui, s'il reflète manifestement l' ambition virile, ne paraît pas propice au bonheur ou à l 'épanouissement individuel et collectif .

Le rôle accru , mais encore timide , des femmes dans la vie des nations ne répond certes pas à l ' affirmation de cette «supériorité naturelle» que semble leur conférer la biologie .mais peut-être ,et plus simplement ,au besoin collectif d' en appeler, contre l'agres- sivité moderne , aux valeurs d' acquiescement , de respect , de patience et de paix , qu'elles détiennent au nom d' une complémentarité trop longtemps méconnue .»

[On ne sort décidément pas pas du stéréotype hommes-femmes . La réalité est toute autre , elle repose sur la différence des traits de caractère entre les auditifs (hommes et femmes) et les visuels (hommes et femmes) , ce qui implique que les valeurs qu'ils portent ne sont pas les mêmes.

Peut-on parler de valeurs d'acquiescement , de respect , de patience et de paix , chez les femmes au pouvoir . Auditives , elles ne sont pas des tendres .Ce n 'est pas pour rien que Mme Thatcher , (qui mena la «guerre des Malouines» , et laissa mourir dix grévistes de la faim de l IRA) , a gagné son surnom de «Dame de fer»., que Bénazir Butho , ancienne première ministre du Pakistan , était appelée «La Vierge en culotte de fer» , l'ancienne PDG d' Aréva: «Atomic Anne» et la présidente de Harvard:«Drev : la tronçonneuse ». (Elle avait réduit d' un quart les effectifs du personnel de la faculté) (Sylvie Kauffmann – Le Monde du 8 mars 2007)]

(4) Cette «sacro-sainte égalité» , cheval de bataille des féministes , se retourne souvent contre   l'intérêt des femmes . Le gouvernement avait engagé une réforme , « il y a quelques années , au sein du régime de retraite de la fonction publique . Comme le régime général , il prévoyait une majoration de pension pour les mères de famille .Et comme le régime général   , il a été considéré comme discriminatoire par la justice . En 2001 , la Cour de justice des Communautés européennes   a estimé que ce système était contraire au principe d'égalité de traitement entre les sexes.»

5

LES NAUFRAGÉS DU MARIAGE

La loi Taubira instituant le mariage homosexuel, dit «mariage pour tous» , a été promulguée le 17 mai 2013 . Des millénaires de civilisation n'avait jamais remis en cause la réalité naturelle de l' union d'un homme et d' une femme , la fusion dans un couple de deux êtres complémentaires , en vue de la perpétuation de l'espèce humaine .

Il n'a pas été possible de traiter du mariage en général dans un même développement , tant le mariage inverti apparaît comme la caricature , la contrefaçon du mariage traditionnel . Dans le mariage homosexuel , pas de complémentarité , deux hommes ou deux femmes s'accouplent entre eux . De même profil , ils partagent des affinités communes .

LE MARIAGE CLASSIQUE

Chaque fois que je fais la connaissance d ' un
couple , je me demande pourquoi ils vivent ensemble .
(Sacha Guitry)

Sur internet , les sites de rencontre pour célibataires ne manquent pas . La plupart , d' entrée , font passer aux candidats des tests psychologiques , afin de pouvoir leur proposer des profils de partenaires , **«compatibles»** selon les uns , « **qui leur corresponde**nt» ou **«leur conviennent»** , selon les autres (eDarling , Elite rencontre , be2 France ,...) . Le club Maya , lui , vous propose de venir « **trouver un partenaire qui vous ressemble .»**

AFFINITES OU COMPLEMENTARITE

Naïveté , ignorance , ou arrière- pensées commerciales , ces sites ont pris les travers qui étaient autrefois ceux des marieuses , dont la préoccupation principale était de vouloir rapprocher , en vue de les marier , les célibataires de leur entourage, parents ou amis. Leurs intrigues , leurs manœuvres pour unir les « âmes seules » n' aboutissaient que rarement , car ce qu' elles recherchaient c'était de mettre en relief les affinités , les points communs qui auraient pu rapprocher les célibataires; alors qu'elles auraient dû essayer de découvrir ceux qui, chez leurs proches, disposaient d' une gamme d' attentes et d'aspirations complémentaires .

En effet, si les amitiés vraies naissent par affinités, en revanche **l'union d'un homme et d'une femme appelle la complémentarité de leurs profils psycho-logiques . C' est tellement vrai , qu' un dicton dit qu' on épouse pas un ami (une amie) d' enfance . Car, à l'école primaire, les enfant se lient avec ceux qui ont le même profil qu'eux .**

[voir ANNEXE III - L'amitié entre un homme et une femme]

Par contre, une fois au lycée, parfois dès le collège, à la puberté, les adoles-cents seront désormais attirés par des camarades, de **sexe opposé** certes, mais aussi de **profil complémentaire .**

Pour autant,vous n'empêcherez pas la presse féminine, les médias, ni les sites sur internet, de faire ergoter sur le thème évoqué plus haut:

«Faut-il épouser un partenaire qui à les mêmes goûts, les mêmes passions , autre-ment dit quelqu'un qui vous ressemble?»

Pour moi la question est sans objet, car déjà tranchée par la nature. La com-plémentarité des profils est la règle,dans la mesure où 80% des hommes sont auditifs, et que 80 % des femmes sont visuelles .

Reste le cas des 20 % d' auditives et des 20 % de visuels faits , eux aussi , pour se rencontrer et se marier. Comme le profil dominant est auditif, la femme dans ces ménages-là tiendra en général le rôle prépondérant .

VISUELS ET AUDITIVES : LE RISQUE DE LA SOLITUDE

On le comprendra aisément, les auditifs (80 % des hommes) et les visuelles (80 % des femmes), auront plus de facilité à se fréquenter que ne pourront le faire, noyés dans la masse, les auditives (20 % des femmes) et les visuels (20 % des hommes). Ceux qui appartiennent à ces profils minoritaires ont souvent des dif-ficultés à s ' insérer et à se situer dans la vie sociale .

Sur 100 femmes, dans l ' entourage d'un visuel, 20 seulement seront des auditives (mais 80 des visuelles) . La proportion est la même pour une auditive: sur une centaine d' hommes côtoyés , 20 seront des visuels (80 des auditifs .)

On ne pourrait imaginer qu' un tel état de fait puisse être sans conséquences.

= **Les célibataires**

On lit , çà et là , dans les "courriers de lectrices", des demandes à l' aide , d' appels au secours, de jeunes femmes qui ne comprennent pas leur solitude :

« Je ne peux rester l ' éternelle amie des hommes» -«J ' ai peur de la solitude». - «Est-ce moi qui pose problème ou les garçons» - «J ' aimerais rencontrer un homme qui me complète , mais je n'y arrive pas ....Est-ce un problème?...J' ai besoin de savoir si cela vient de mon envie précipitée de me mettre en ménage ou des garçons».

Ces auditives , mais elles ne savent pas qu' elles le sont , n' ont pas encore rencontré les visuels faits pour elles. C'est une grande difficulté. Elles font partie des 20 % (seulement) de femmes auditives, et les visuels (qui leur sont destinés) sont également peu nombreux,puisqu'ils ne représentent que 20% des hommes, (pour 80% d 'auditifs) .

Heureusement, la plupart des auditives trouveront leur partenaire visuel . Mais ce n' est pas un hasard si , dans notre entourage , les célibataires ont plutôt ces profils psychologiques. Ils passeront parfois pour ce qu'ils ne sont pas, des femmes qui n ' aiment pas les hommes, des hommes qui fuient les femmes, et l 'on parlera autour d' eux de «célibataires endurcis» .

On expliquera souvent , à propos d'une femme de caractère qui n'est pas encore mariée , qu'elle a préféré sa carrière, son ambition, à la vie familiale. Ou bien , aussi , que son tempérament autoritaire a découragé bien des hommes. Ce n'est pas faux s'agissant d'une auditive. Mais de quels hommes parle-t-on ? Des auditifs, certes , (80% des hommes), qui ne sont pas faits pour elle , mais sûrement pas des visuels dont la relative rareté et les aléas de la vie , n'ont pas rendu possible , jusque-là , la rencontre complémentaire attendue.

En fait les auditives ne sont pas attirées par les auditifs, majoritaires chez les hommes , mais seront sensibles à l ' attention des visuels . De la même manière, les visuels ne ressentent que peu d' attrait sexuel pour les visuelles, les plus nombreuses chez les femmes, mais de même profil qu'eux .

Jusqu'au jour où les circonstances feront que bien de ces retardataires au mariage rencontreront enfin le profil complémentaire . (1)

= **Les mariages tardifs , différés**

***   Un couple de Chanteurs
En 1962 , c'est la lycéenne Françoise Hardy   qui exprime sa tristesse d'être seule :

> *«Tous les garçons et les filles de mon âge*
> *Se promènent dans la rue deux par deux ....*
> *... Ils s'en vont amoureux sans peur du lendemain*
> *Oui , mais moi , je vais seule par la rue , l'âme en peine ,*
> *Oui , mais moi je vais seule , car personne ne m 'aime»*

Elle est pourtant entourée d' une bande de copains, mais de profil auditif comme elle . C'est pourquoi, dans un interview de l 'époque , cette auditive (2) confiait:

> :« *Il n y a pas beaucoup d'hommes qui m ' attirent»*   [3]

Ce n'est pour elle , encore , que le temps des amis   .

> «*Ils ont cette douceur des plus beaux paysages*
> *Et la fidélité des oiseaux de passage*
> *Dans leurs cœurs est gravée une infinie tendresse*
> *Mais parfois dans leurs yeux se glisse la tristesse* ....
> ... *S'il me reste un ami qui vraiment me comprenne*
> *J'oublierai à la fois mes larmes et mes peines*» ..... («*L'amitié*»)

Puis viendra le jour où , enfin , l'auditive rencontrera le visuel , Jacques Dutronc . (4)

Bon vivant et joyeux luron , imprévisible , primesautier , il était apprécié par la bande des copains , mais portait peu d' attention aux filles de son entourage, et passera même pour misogyne , avant sa rencontre avec Françoise Hardy . (5)

Ce visuel , avoue qu' il n ' écoutait pas les disques de celle qui deviendra sa compagne en 1967 , puis sa femme en mars 1981 . (Thomas , leur fils , dira d'eux; «Mes parents forment un couple original».)

Jacques Dutronc précisait:

= «*Je ne pouvais pas écouter ses disques , donc c'était gênant . ça me filait le cafard , j ' avais le bourdon ,..... c'est en partie à cause des paroles*» . («Un jour ,un destin» - France 2 - mercredi 13 nov. 2013) .

Il est vrai que ses goûts et son répertoire de chanteur visuel étaient fort différents de ceux de l' auditive Françoise .

***   Constance d' Antioche   Le deuxième exemple , on le prendra chez Régine Pernoud , dans le chapitre 5 de son livre « La femme au temps des Croisades» .

Après la mort de Raymond de Poitiers , la principauté d ' Antioche échut aux mains de son épouse , Constance .

Éloignée de Jérusalem , Antioche , en Syrie , restait sous la menace turque et , pour le Roi Baudoin , il était plus qu ' urgent que Constance , alors âgée de vingt ans , se remariât avec un prince ou un chevalier , «capable de défendre ses terres et ses sujets». Mais aucun des prétendants qui lui furent présentés , Yves de Nesles , le Comte de Soissons , Gauthier de Fauquembergue , prince de Tibériade , Raoul de Merle , et bien d' autres , «les uns et les autres chevaliers éprouvés,...et célibataires, qui eussent volontiers épousé la Princesse», ne trouvèrent grâce à ses yeux. »

On essaya de la faire fléchir . Le Roi Baudoin réunit les barons et prélats , ceux d' Antioche , ceux du royaume de Jérusalem . On fit même venir ses tantes , la comtesse Hodierne , la reine Mélisende . En vain . « *Elle répondit qu'elle n ' avait pas envie de se marier* » .

Le temps passa , et puis ce coup de théâtre . Un jour arriva en Terre sainte un « *jeune chevalier, cadet sans fortune, Renaud de Châtillon*» . Il était beau , fin , charmant , élégant et fougueux . Ce fut un vrai « coup de foudre » . ...Cet état amoureux « *n ' était pas sans provoquer l'étonnement d'un grand nombre que cette femme si remarquable, si puissante et d'un si haut rang, consentît à épouser presque un simple soldat».*

Quant à Constance, elle n'avait de cesse que de passer devant l'autel avec son chevalier. On finit par bénir leur union.

L'auditive avait enfin trouvé son visuel.

---

(1)   *Lorsque un homme se marie avec une femme bien plus âgée que lui, son entourage a tendance à penser que, chez son épouse, c'est la mère qu'il recherche. C'est en général un contre sens, car le plus souvent cet homme est un visuel. Eût-elle été plus jeune, qu'il l'aurait de toute façon épousée car, en elle, c'est l'auditive qu'il choisit et non la mère.*

Si dans un certain nombre de cas, la femme est d'un âge plus avancé, il ne faut pas oublier ce que nous avons dit, précédemment, des auditives et des visuels (hommes) qui, ayant parfois du mal à trouver leur profil complémentaire, du fait de leur petit nombre relatif et respectif, restent célibataires, ou font un mariage tardif.

*(Voir: «**Visuels et auditives :le risque de la solitude** »)*

(2)   *Quand elle était enfant, sa grand mère n'appréciait, ni son physique, ni son visage un peu abrupt d'auditive, et ne cessait de lui répéter qu'elle était laide.*

Plus tard, ce ne fut pas l'avis de la foule de ceux et de celles qui tombèrent sous le charme d'une beauté, quelque peu androgyne. Et puis, ses fans aimaient son petit filet de voix. De plus, elle écrivait de si belles chansons, dont elle composait, et la musique d'abord, et les paroles ensuite.

Ses premiers textes expriment le mal-être d'une adolescente, les sentiments douloureux d'une auditive à l'évocation de certains souvenirs, comme celui de la maison de son enfance

> Quand j'ai quitté ce coin de mon enfance
> Je savais déjà que j'y laissais mon cœur. …....
> …..Le temps a passé et me revoilà
> Cherchant en vain la maison que j'aimais.
> Où sont les pierres et où sont les roses
> Toutes ces choses auxquelles je tenais?
> … Et la maison, où est-elle, la maison
> Où j'ai grandi?   («La maison où j'ai grandi»)

C'est à tort que l'on classe Françoise Hardy parmi les chanteurs «yéyés», avec lesquels elle n'eut qu'un seul point commun, celui d'avoir vécu à la même époque. Elle est d'une autre dimension.

(3)   *En 2009, la jeune Vanessa Paradis, auditive elle aussi, avec des mots différents, disait la même chose:*

« Contrairement à ce que l'on pense, peu d'hommes me draguent. Il y en a aussi très peu qui me plaisent ». (Propos recueillis dans Paris Match, par Danièle Georget)

(4)Il a commencé à se produire à la guitare , dans un groupe de jazz , crée avec quelques amis musiciens . C'est comme guitariste qu' il sera présenté à Françoise Hardy qui cherchait un musicien pour l 'accompagner dans ses répétitions . En 1966 , il se lance dans la chanson avec les titres «Et moi , et moi ,et moi» , «Il y a des cactus» ,

(5) Un jour , Claude Sautet expliquait à Françoise Hardy   « qu'il avait toujours réalisé des films sur la misogynie , et surtout sur des hommes misogynes qui soudain rencontrent une femme ne faisant pas partie de leur «programme» .

«Cette idée m' a ébranlée, commente Françoise , je dois faire partie de la caté-gorie des femmes qui échappent aux vues misogynes de Jacques . J ' ai toujours senti, qu ' il me mettait sur un piédestal» .

(Propos recueillis par Michèle Dokan) .

(On fera remarquer qu'on traite de misogynes les visuels , [20% des hommes] , qui n' ont pas d'attirance pour   les visuelles [80 % des femmes] ; mais jamais les auditifs [80% des hommes] qui pourtant, de leur côté , ne sont pas attirés par les auditives [20 % des femme] . Sempiternelle loi du nombre!)

LE MARIAGE HOMOSEXUEL

==

> *Très souvent , n'importe quel type de relation plus ou moins attachante est présenté sous l'angle de l ' amour , ce n'est pas tout à fait exact. On peut éprouver de l ' attrait,des sentiments et des émotions , cela n'est pas nécessairement significatif de l ' amour .*
>
> Mgr Tony Anatrella (Psychotérapeute)

L ' opinion publique , abusée par ceux qui maintiennent un tintamarre médiatique à des fins idéologiques , surestime largement la réalité homosexuelle. On vérifie , avec le lobby homosexuel , qu' "une minorité bruyante l ' emporte toujours face à l' immense majorité timide et culpabilisée des braves gens". («Nouvelles de France»)

Quand on demande à des passants américains , influencés par la puissance du battage médiatique , quelle est selon eux le pourcentage de gays , de lesbiennes , de transsexuels , de bisexuels , ils répondent en moyenne : **autour de 25 %** .

Pourtant , selon un sondage réalisé en octobre 2012 , «sur un impressionnant panel de 121 000 personnes, **à peine 3 , 4 % des sondés se disent homosexuels ou bisexuels** . Les homosexuels sont donc perçus comme bien plus nombreux qu ' ils ne sont en réalité .» («Nouvelles de France» - 20 octobre 2012) .

C ' est dire que l ' homosexualité ne concerne qu ' un nombre très infime de la population .

Comportement homosexuel , choisi ou subi ?

Peut-on mettre sur le même plan , bisexuels et homosexuels? Les premiers n ' auraient pas de problème de relation avec l' autre sexe , alors que les homosexuels, lesbiennes ou gays, **s'imagineraient** n' être sexuellement attirés que par des partenaires de leur sexe .

Il est indéniable que les proches des bisexuels ont tendance, en général, à les juger avec sévérité. Ils leur reprochent leur provocation de transgresser des interdits, de s' adonner au vice, pour la seule recherche égoïste des plaisirs sexuels. Un père ou une mère qui, après 15 ou 20 ans de mariage, s'adonnent à des liaisons perverses, ont bien choisi un comportement que les anciens nommaient: licence, débauche, libertinage, dépravation des mœurs. L'imaginaire populaire a gardé, horrifié, le souvenir biblique de Sodome et de Gomorrhe .

Ce ne sont pas ces invertis, irrécupérables, qui feront ici l 'objet de notre propos. Notre analyse cible ceux qui, en souffrance, sont désorientés par leur solitude et ne comprennent pas pourquoi ils sont marginalisés. Je pense à certains élèves qui , du fait de leur profil , de leur comportement, sont délaissés par leurs camarades de classe . Certes, ils ne verseront pas tous dans l'homosexualité, mais leurs difficultés à s' intégrer socialement les rendent plus vulnérables .

D' où l 'importance qu' il y aurait de les informer sur leur comportement mental, pour les rassurer et leur donner ainsi les moyens de surmonter leur désarroi .

Il apparaît, cependant, qu'un certain nombre de bisexuels, subissent eux aussi leur homosexualité. C'est le cas de visuels qui, n' ayant pas pu (ou su) trouver le profil complémentaire, ont épousé une visuelle et qui, devant l' échec, la stérilité de leurs mariages , se tournent vers des partenaires du même sexe .

L' échec pourra être identique pour des auditives mariées avec des hommes ayant le même profil qu' elles .

Ni les uns ni les autres n 'en comprennent la raison , dans l' ignorance où ils sont des mécanismes du comportement mental. Ils ne savent pas que l 'amitié se noue entre deux êtres de même profil mental, alors qu'un mariage, pour avoir une chance de réussir, implique la complémentarité des profils (une visuelle avec un auditif - ou un visuel avec une auditive -). [Voir Annexes III – L'amitié]

C 'est le cas de Pierre Palmade qui avait confié à Nikos Aliagas :

= *«Je n'aime pas mon homosexualité .Je suis vraiment triste. Avant, j'étais en colère , maintenant je suis juste triste d'être un homo .*

Plus tard , dans les colonnes du parisien , revenant sur ses déclarations dans l' émission «On n'est pas couché», le comédien regrettait de n'être pas attiré par les femmes , alors qu'il "aime les séduire".

Le lecteur, maintenant averti, aura décrypté ses propos . Pierre Palmade, à l' aise avec les femmes qui (dans leur grande majorité) ont le même profil visuel que lui et, de ce fait, ne peuvent l' attirer sexuellement, n'avait pas encore rencontré l'audi-

tive faite pour lui .
{ Annexe III - L'amitié]

Comment expliquer cette tendance à l 'homosexualité .

DEGRADATION DE L ' IMAGE DU PERE

La dépréciation du rôle du père, contesté dans son autorité de chef de famille, absent des familles monoparentales, entraînerait des problèmes d' identification chez certains enfants. Les garçons éprouveraient alors un sentiment d' insécurité qu'ils compenseraient par une relation fusionnelle avec la mère. Quant aux filles, les tendances homosexuelles seraient favorisées par le modèle de «femme forte» de la mère .

On peut répondre que l' homosexualité existait bien, déjà, au temps où la famille traditionnelle était la règle .

EVOLUTION DES MOEURS

A cela, il faudrait ajouter la transformation des mœurs , et l' on ne peut nier que les coups portés à la famille par l'évolution récente de la législation, sont à l' origine de bien des problèmes nouveaux: précarité financière de la mère et délinquance des adolescents ...

Mais l' homosexualité qui , rappelons-le , demeure très, très , marginale, n'a pas connu d'expansion significative dans une période passée relativement longue .

LA MONTÉE EN PUISSANCE DES VALEURS «dites» FEMININES

On accuse les idées à la mode, propagées par les médias, d' avoir eu un effet «castrateur». Les garçons élevés, éduqués , par des femmes, largement majoritaires dans les écoles et les collèges , en aurait perdu de leur virilité , cependant qu' on aurait dans le même temps favorisé l ' émergence des filles dans des domaines qui, dans le passé , auraient été réservés aux hommes .

Pourtant, les féministes continuent à s' insurger contre le « machisme » , et à dénoncer toujours la domination masculine .

Aussi, comment ne pas observer que, si promptes à condamner un «machis me», selon elles toujours aussi vivace, elles en oublient que depuis quarante ans, ce sont des générations de garçons qui ont été élevés principalement par des femmes, dans les crèches, à l'école, à la maison. Alors, la faute à qui ?

Sauf à reconnaître que les mesures éducatives, préconisées par des idéologues mal inspirés, pour formater les garçons dès la petite enfance, ont piteusement échoué à changer le profil de leur comportement.

Quand l 'enseignant (e) demande à des enfants de jouer, pour les garçons à la poupée, pour les filles avec des voitures de pompiers, cela ne pose pas de problème pour eux, ils obéissent volontiers . Mais aussitôt que, sur la cour de récréation, ils sont libres de leurs choix, ils en reviennent naturellement à leur jeux favoris, (qui peuvent être, d' ailleurs, la poupée, la marelle, pour quelques garçons visuels; les jeux de billes, le football, pour certaines auditives .)

LA PEUR , LE MEPRIS DE L' AUTRE SEXE .

On a parlé de la fragilité des gays , ils seraient porteurs de valeurs (dites) féminines . Timides ils auraient peur des femmes et reporteraient leur besoin de tendresse sur des garçons , en manque d'affection comme eux .

Il est vrai que l ' on peut observer dans nos familles, chez nos proches, que les garçons qui ont une tendance à l ' homosexualité, sont des êtres souvent délicats , parfois hypersensibles, qui manquent de confiance en eux. Spontanés,volontiers volubiles, ce sont des extravertis .

Les visuels

Ces toutes dernières observations sont intéressantes , car elles nous ramènent aux caractéristiques qui, pour les spécialistes du comportement mental, sont celles de visuels .

Il est sans doute nécessaire de rappeler, une fois de plus, que l'homosexualité est tout à fait marginale et que la plupart des visuels ne sont pas concernés par cette déviance. Mais il est significatif aussi de relever que c' est chez une minorité de visuels que la tendance peut être constatée . Serait-ce une piste à explorer ?

Intéressons-nous au monde du spectacle, de la télévision. Dans les médias, ceux qui publiquement revendiquent leur penchant gay sont bien des visuels, extravertis et à l' aise dans le concert médiatique . On pense à plusieurs vedettes matinales de la radio, à certains présentateurs de télévision, et à bien d'autres personnalités du spectacle, dont on taira les noms, malgré leur engagement public pour la cause gay .

On sait ce que fut le penchant de plusieurs maîtres de la peinture , de la sculpture. C' étaient des visuels, ce qui ne surprendra personne: Michel Ange, Léonard de Vinci (qui prit comme modèle, pour peindre la «Joconde», l' un de ses assistants , Gian Giacomo Caprotti , en fait son amant), Salvador Dali (qui eut pour amant Frédérico Garcia Lorca , avant de s 'éprendre plus tard de l' auditive Héléna, sa muse , surnommée Gala , qu'il finira par épouser en 1934)...

Il serait fort aisé de multiplier les exemples . Jean Marais , Jean Cocteau, Pascal Sevran , Thierry Le Luron , étaient visuels, et tant d' autres artistes, chanteurs, comédiens, connus pour leur penchant homosexuel .

Les auditives

Dans la logique du développement précédent, on pourrait s' attendre à trouver chez les femmes visuelles un pourcentage conséquent de lesbiennes (80 % des femmes sont visuelles, contre 20% de visuels chez les hommes) . Il n' en est rien .

Dans les médias, les femmes qui revendiquent de façon active leur homosexualité sont pour la plupart des auditives . (Soulignons , une fois encore , que seule une infime minorité d'auditives se trouve concernée par des tendances homosexuelles). C'est le cas, notamment de sportives, en particulier de joueuses de tennis, mais aussi d' artistes, de journalistes , que le lecteur pourra aisément identifier .

Dans le passé , Colette , Marlène Dietrich , Marguerite Yourcenar , Greta Carbo, connues pour leur homosexualité, étaient de fortes personnalités. Elles avaient le profil dominant des auditives .

Certains trouveront les auditives, et particulièrement les lesbiennes, parfois masculines, quelque peu viriles, au physique souvent ingrat.Mais c' est en les comparant aux visuelles, et c'est une question de goût . En fait, l' auditive a une féminité bien à elle, un visage introverti, âpre parfois, un peu fermé, qui plaît beaucoup à bien des hommes. Ces vedettes de la chanson, ces artistes, ces sportives, ont leurs supporters inconditionnels. On ne pourra que le constater en allant voir leurs «fans-clubs» sur la toile .

Des laissés pour compte .

En fait, ce ne sont pas les caractéristiques de visuels ou d' auditives qui expliquent l' homosexualité de ces minorités , mais leur petit nombre relatif qui les a mis, jusque là, dans l' impossibilité de côtoyer et de trouver l' âme sœur, compte tenu de leur isolement social ou géographique, ou pour toutes sortes de conditions défavorables- .

Il tombe sous le sens que pour 80% d'hommes auditifs et 80% de femmes visuelles, trouver un partenaire semble moins problématique que pour 20% de visuels et 20 % d'auditives, noyés dans la masse, de se rencontrer. Si la plupart finiront par convoler, il restera malgré tout une minorité, pour ne pas dire un petit reste, sorte de résidu, de «laissés pour compte», guettés par la solitude .

L'amitié

Nombreux sont ceux qui trouveront dans l ' amitié le moyen de rompre la solitude. Les vraies amitiés impliquent de fortes affinités entre deux hommes, deux femmes, ou d' un homme et d' une femme, voire entre trois personnes (ou plus), ayant le même profil . [ANNEXE III - Amitié entre homme et femme] .

Généralement, ces amitiés ne cesseront de perdurer, même après le mariage de l'un ou de l'autre. Mais elles ne peuvent remplacer, ni compenser l' amour.

La tentation homosexuelle .

Pour une minorité de garçons et de filles, le désert affectif, le désarroi, les conduiront à céder à l'homosexualité, qui pourra apparaître alors comme un ersatz à l'amour. Mais si l" on en croit les témoignages de certains homos, le sentiment d'échec, qui perdure chez eux, n'est pas exempt de culpabilité .

D'autres mesurent combien ils ont eu tort de rendre publique leur tendance . A preuve , le "rétropédalage" de quelques présentateurs ou animateurs de radio et de télévision. Après s'être affichés publiquement comme gays , avoir apporté leur contribution au battage en faveur du mariage inverti, ils ont subitement réalisé combien leur engagement médiatique avait été dévastateur pour leur image, et ils s'évertuent désormais à donner le change, en s'efforçant de faire savoir qu' ils ont, eux aussi , une liaison féminine .

Fragilité des liens homosexuels .

Les couples homosexuels sont fragiles, la plupart du temps éphémères, et les séparations sont bien plus fréquentes (en pourcentage) que chez les ménages hétéro-sexuels .

Ce comportement homosexuel, provoqué, **non par le vice , mais par le sentiment d'une grande solitude, d' un grand vide affectif**, s' apparente à ce que l'' on appelait autrefois dans les pensionnats, avant la mixité de l' enseignement: «les amitiés particulières» . Il cessait dès lors que les élèves quittaient la structure scolaire et retrouvaient la totalité des liens sociaux .

De la même manière, dans leur plus grand nombre, des duos homosexuels se déferont plus ou moins rapidement, dès que, dans le brassage de la vie sociale, les uns ou les autres auront trouvé leur profil complémentaire . (1)

Il y a quelques années, sortant d' un spectacle avec des amis, nous avions assisté malgré nous, sur un parking, à la scène de rupture de deux homosexuels .

Comme il faisait chaud, ils avaient laissé ouvertes les portières de leur voiture . L' ami délaissé poussait des cris, des gémissements pathétiques. Ce qui le mettait le plus hors de lui, c'était d'apprendre que son compagnon le quittait pour une femme .

Le mariage pour tous

Lors des débats sur la loi Taubira, pour se donner une certaine contenance, comme pour se mentir à eux-mêmes, les plus actifs des gays et des lesbiennes ont revendiqué le «mariage pour tous». Ils attachaient au mot «mariage» une grande importance, comme pour se convaincre qu 'ils 'agissait en fait d' une forme de revanche sur leurs aléas sentimentaux .

Le terme: «union» , proposé par les adversaires du «mariage pour tous» , n'aurait pu suffisamment masquer, à leurs yeux, la douloureuse blessure de leur échec matrimonial .

---

(1) A titre d'exemples:

    **   *En 1985 , Yves Mourousi , connu pour ses tendance homosexuelles , renonce à ses pratiques , pour un véritable mariage d'amour avec Véronique d' Alançon qui lui donnera une petite Sophie .*

    ***En 2007 , Angelina Jolie , après avoir vécu avec le mannequin Jenny Shimi , a annoncé à la presse qu'elle cessait de s'intéresser aux femmes par amour pour Brad Pitt .*

6

LA "THEORIE DU GENRE",
MEPRISE OU SUPERCHERIE ?

_«Le seul moment où une femme réussit à
changer un homme , c'est quand il est bébé .»
(Nathalie Wood – Dico citations drôles)_

_«Propos , conseil , enseignement ,
Rien ne change   un tempérament .»_

(Jean de la Fontaine – l'Horoscope)

Au départ de la théorie du genre , des psychiatres , dans les années 50, interpellés par des cas cliniques de patients souffrant de troubles sexuels , qui refusent d'admettre leur sexe biologique , se sentant psychologiquement appartenir à l' autre sexe et qui , pour certains , souhaiteraient être opérés pour mettre en adéquation leur apparence physique avec ce qu'ils pensent être leur appartenance à l'autre genre .

SEXE ET GENRE

A partir de là, va s'échafauder la théorie que , pour l' ensemble des humains, le genre ne dépendrait pas uniquement du sexe biologique, mais du libre choix de chacun d' être un homme ou une femme .

1 / Dénoncer la domination masculine

Les féministes des années 60-70 vont s' appuyer sur cette hypothèse pour dénoncer la domination   supposée des hommes. Elles récusent la répartition des tâches , pour elles , fruit séculaire du pouvoir masculin: "les hommes au travail , les femmes dans leurs rôles domestiques" .

Selon elles , ce sont les hommes qui , au cours des siècles , détenteurs du pouvoir, ont attribué aux femmes leurs tâches au sein de la famille et dans la société, se réservant la meilleure part. Il en serait résulté une domination du masculin sur le féminin, ce qui est une injustice . «Avoir un utérus , protestent les lesbiennes, ne prédispose pas aux tâches ménagères» . Elles prétendent que ni le sexe masculin, ni le sexe féminin , ne sont constitutifs du genre humain .

Autre injustice , la grossesse , cette contrainte subie par les femmes , qui conduit à une autre revendication , pour supprimer toute relation sexuelle avec les hommes, celle de la "Procréation Médicalement Assistée" (PMA) .

Aussi, les lois doivent-elles corriger les distorsions de la nature. Il faut défendre la liberté sexuelle et remettre en cause la notion de père et de mère, dissoudre la famille. La filiation ne doit plus résulter de l'attirance des corps, mais doit être fondée sur le désir d'être parents.

2 / Refus du formatage familial et social

Pour les tenants de la «théorie du genre» , le fait d'éduquer différemment les garçons et les filles , a pour effet de perpétuer la domination masculine . Les filles n' auraient , pas plus que les garçons à la naissance , des qualités dites féminines .

=== L'éducation . Dès le jeune âge , filles et garçons ne connaissent de différenciations , ni pour la force physique , ni en capacités intellectuelles . Mais la famille et la société s'appliqueraient à les formater en fonction de leurs sexes . En effet , sorti de l' enfance , c'est le garçon qui serait élevé différemment . Le père et la mère continueraient à cajoler leur fillette , tandis qu' ils refuseraient peu à peu , à son frère , les gros câlins et les effusions de tendresse , car un garçon se doit d' être fort , courageux , viril . Il ne pleure pas . Il ne se complaît pas à se regarder coquettement dans un miroir

=== Quant à la pression sociale , selon la théorie , elle perpétuerait le modèle traditionnel , hérité d' un système patriarcal ancien . Des professions , certaines activités sociales , des matières scolaires (les maths par ex..) , des disciplines sportives , seraient considérées comme convenant bien aux hommes; d 'autres plus adaptées à la condition féminine .

=== D'où l' exigence d' une indifférenciation sexuelle . Ainsi , les adeptes du « queer » faisant leur , la citation de Simone de Beauvoir : *« On ne naît pas femme on le devient»* , considèrent que si la différentiation sexuelle est l'aboutissement d'un formatage culturel , l'identité d' un genre indifférencié et libérateur peut être , à son tour , le produit d'une construction éducative .

C'est pourquoi, selon toujours les promoteurs du «genre», il est indispensable d' élever garçons et filles de la même manière . Afin de ne pas influencer leur orientation sexuelle , on évitera les vêtements roses pour les filles , et bleus pour les garçons (1).

Dans les activités scolaires , on sensibilisera les élèves à tous les rôles sociaux, qu'ils aient été jusqu' à ce jour, traditionnellement classés comme masculins ou féminins . Dès la maternelle, on apprendra à ne plus distinguer les jeux des filles de ceux des garçons . La poupée ne sera plus réservée aux filles et les filles devront jouer avec des camions de chantier et des voitures de pompiers . (1)

L'objectif avoué de toutes ces mesures : promouvoir le binarisme du «genre» Chacun doit être libre de choisir son orientation sexuelle et d' en changer chaque fois qu' il le désire .

3 /Filles et garçons manqués .

Cette thèse du «formatage familial et social» est loin d'être partagée par tous les inconditionnels de la théorie . Pour certains d'entre eux , c'est à la naissance que la nature s'est fourvoyée , en les faisant hommes ou femmes , puisque , prétendent-ils , l'identité sexuelle qu' ils revendiquent n'est pas celle de leur apparence physique .

L' IMPOSTURE DE LA THEORIE .

On reste sidéré devant l ' inconséquence de ceux qui accordent encore du crédit aux élucubrations de quelques féministes dérangées , au point de vouloir introduire en France, dans les programmes de l' Éducation nationale , la "théorie du genre" . Une circulaire de janvier 2013 du ministre de l'époque aux recteurs, recommandait de favoriser les interventions en milieu scolaire d' associations qui luttent contre les préjugés homophobes et de mettre en place des lignes d' écoute pour les jeunes en questionnement à l' égard de leur orientation ou de leur identité sexuelle

En mai 2013 , sous la pression de l 'opinion , Vincent Peillon abandonnait le projet .

Aujourd'hui , à l'épreuve de la réalité , si l' on excepte quelques idéologues, une poignée de féministes, plus personne n'ose croire à ces fadaises .

1 / L' éducation indifférenciée: un lamentable fiasco .

L'exemple des kibboutz

L'anthropologue Melford Spiro a relaté l'échec de l'éducation indifférenciée pratiquée dans les kibboutz, fondés au début des années 1920 en Palestine. Les fondateurs rêvaient d' une égalité entre les hommes et les femmes, grâce à l'éducation indifférenciée .

Dès le plus jeune âge , les enfants étaient élevés ensemble et de la même façon . Garçons et filles dormaient dans les mêmes dortoirs , prenaient la douche ensemble . Ils étaient éduqués avec les mêmes principes , avaient les mêmes jeux, des jouets identiques .

Or , ayant atteint l'âge de la puberté , les filles se rebellèrent , exigeant des douches séparées .

Les enfants avaient été tenus par leur éducation , à l'écart des stéréotypes. Pourtant , ayant grandi , ils se firent un malin plaisir d'y déroger. Quand il disposaient d' un ballon , les garçons aussitôt organisaient un jeu de compétition , tandis que les filles s' en amusaient en improvisant des danses et des scènes de jeux .

En 1969 , une étude s'intéressa aux adultes ayant vécu depuis l 'enfance dans les kibboutz . On constata, avec stupeur, qu' ils ne respectaient plus la traditionnelle rotation des tâches . Les femmes se consacraient au soin des enfants, travaillaient dans les services, pendant que les hommes, dans une large majorité, prenaient à leur compte les travaux de l' agriculture .(2)

L'exemple de la Norvège .

La Norvège était, récemment encore, le pays cité en exemple pour les incitations et les mesures qui, depuis de nombreuses années, avaient été prises pour favoriser l'égalité hommes-femmes et lutter contre les stéréotypes, et cela dès l' école.

En 2010 , la télévision norvégienne diffusa une enquête, menée dans des entreprises, des hôpitaux, des nurserys, et ouverte aux analyses de spécialistes, de sociologues et de neurologues. Il en résultait un certain nombre de constats, parmi lesquels ceux qui suivent :

== Pendant des années, on avait agi sur l' environnement culturel et social par l' éducation scolaire, la réglementation, les campagnes d' incitation afin de favoriser l'accès des femmes dans des professions jugées "masculines" .
Et pourtant , on trouvait toujours la même majorité écrasante de femmes dans les hôpitaux, dans l'enseignement et les métiers de communication. De leur côté, les hommes restaient en aussi grand nombre dans les secteurs techniques et les professions scientifiques . Rien n'avait évolué .

== Une expérience filmée mettait des enfants de 9 mois en présence de dix objets, (quatre censés être des jouets pour garçons, quatre destinés aux filles, et deux qui étaient neutres). Dès qu'on les faisait entrer, tour à tour dans la pièce, les garçons allaient vers les jouets dits "masculins", les filles vers ceux dévolus traditionnellement à leur sexe .
Un test concernait les nouveaux-nés, auxquels on présentait des images. Les filles s' attachaient plus à regarder les visages, les garçons s'attardaient sur les représentations d' engins mécaniques, ce qui tendait à démontrer que ce n' était , ni l' environnement culturel, ni l'éducation qui faisait la fille ou le garçon .

Ce reportage, qui eut un retentissement considérable en Norvège , poussa le gouvernement à supprimer tous les crédits alloués aux zélateurs de la "théorie du genre".

2 / La méprise

Restent ces adeptes, qui disent vouloir refuser leur identité sexuelle, pour se prévaloir psychologiquement de l' autre sexe .

Comment ne pas être dubitatif quant au sérieux de leurs témoignages, tant ils apparaissent extravagants . Dans une majorité de cas , on serait tenter de penser plutôt à une manipulation à des fins idéologiques .

Malgré tout , certains d'entre eux sont probablement sincères - (mais sont-ils réellement très nombreux?) - à évoquer une erreur commise par la nature , de les avoir faits femmes alors qu' elles se prétendent hommes, ou hommes alors qu' ils se sentent femmes .

Sans parler de ces "victimes de l'évolution" , qui sont bien nées hommes, ou femmes , mais que l' environnement et l ' éducation auraient transformées , au point qu'elles souhaiteraient, à l' âge adulte, changer de sexe .

Si l' on fait exception des malades mentaux , (mais où commence la démence?), on peut tenter d'expliquer leur incertitude sexuelle par une fâcheuse méprise,liée à la souffrance de leur grand isolement .

Le sentiment de solitude

S'ils ne sont pas les plus nombreux , ces hommes et ces femmes , font partie de ceux qui, enfants, dès l'école, se sentent mal dans leur peau, et que les surveillants des cours de récréation connaissent bien . Isolés, ils ne comprennent pas pourquoi ils sont repoussés par leurs camarades de même sexe .

Jean Archambault et Roch Chouinard ont parfaitement étudié les « Types de problèmes de comportement » , que rencontrent ces élèves mal accueillis par leurs pairs .

«Ils cherchent à interagir, mais ils sont rejetés par eux. Ils sont forcés de travailler ou de jouer seuls . Ils manquent d' habileté sociale . Ils font souvent l' objet de moqueries».

Leur comportement s' en ressent .

«Timides ,ils évitent les interactions . Ils ne dérangent personne . Ils sont posés, sérieux . Ils ne prennent pas d 'initiative , ne se portent pas volontaires .Ils veillent à ne pas attirer l' attention .»

== Des enfants marginalisés .

Ces élèves ont bien souvent des difficultés à nouer des relations amicales, et plus tard, au lycée , ou parfois même dès le collège, à se lier, cette fois, avec un partenaire de sexe différent pour une relation amoureuse .

Il arrive que des garçons, souvent jugés efféminés, soient les souffre-douleurs de certains de leurs camarades . Les filles marginalisées, de leur côté, sont fréquemment conspuées et traitées d' "intellos ".

Le mal-être, la difficulté qu' ils ont à s'intégrer dans l' environnement social, pourra les mener parfois à l 'anorexie, voire au suicide . D' autres , dans l' incapacité de trouver un partenaire de profil complémentaire, pourront être tentés par l'homo-sexualité .

C' était , là , le sujet abordé par le ministre M. Peillon , quand il dénonçait à juste raison, la souffrance d 'adolescents : ("Llibération" Du 29 mai 2013).

--«*Comment est-il possible que l ' insulte "pédé" soit la plus fréquente des cours de récréation .*» ....«*C'est sept fois plus de suicide que chez les adolescents qui ont une sexualité disons moins difficile à vivre*» ...«*C' est notre responsabilité d'adultes , il faut veiller à protéger ces enfants d'un certain nombre de violences et de difficultés* » (3)

==   Rôle néfaste des préjugés

Ces enfants souffre-douleurs sont en fait victimes de l' ignorance et des préjugés. S' il faut combattre les stéréotypes , c' est qu'ils ont une grande capacité de nuisance. Dans le milieu familial et dans la vie sociale, ils font passer pour anormaux ou pour marginaux , ceux et celles qui ont un comportement, des choix, une activité , qui sans être exceptionnels , ne sont pas ceux du plus grand nombre. Des parents , souvent angoissés, s' alarment du comportement ou des goûts de leur enfant. Leur garçon aimerait suivre des cours de danse classique, tel autre est attiré par la mode, la confection, un autre encore par la coiffure. Ils ont peur du " qu' en dira-t-on ". Le courrier des lectrices dans la presse féminine se fait l' écho de leur désarroi .

Ou , c' est leur fille qui les déroute . Elle ne met pas de barrettes dans les cheveux, ne veut pas jouer à la poupée, ne s'amuse jamais avec les filles, mais monte aux arbres avec les garçons . Dans le courrier d' un journal , une maman s'inquiète:
«*Est-ce normal? Comment faire pour qu' elle soit féminine?*»

Concernant les traits de caractère , la douceur est qualifiée de féminine , les garçons ne peuvent être que virils , brutaux et bruyants . (4)
Contre cela , Elisabeth Badinter s'insurge:
«*...En quoi la douceur , la compassion, la maternité , le dialogue , l'amour, toutes ces qualités dont on a paré les femmes ......seraient-elles féminines? Pourquoi une femme ne pourrait-elle pas être violente , injuste , autoritaire?*»
(Dans «Elle» du 13 mars 2006)

Visuels et auditives , une grande fragilité .

Le lecteur, maintenant familiarisé avec l' approche de cette étude, l' aura de suite compris . Ces enfants en difficulté, sont chez les garçons, des visuels, minori-taires et différents par leur comportement mental, d' une majorité de camarades (20% de visuels, contre 80% d' auditifs) .

A l' école primaire, les liens d'amitié se nouent par affinités. Comme les visuels sont relativement rares , tous ne trouveront pas toujours un camarade visuel dans leur classe ou dans une classe voisine.

Dans la cour de récréation, ces visuels, souvent fragiles, délicats, se sentent mal à l' aise au milieu des garçons , non qu' il y ait de la part de leurs camarades auditifs la volonté consciente de les écarter , mais ils ne sont guère attirés par les jeux pratiqués , et redoutent les agissements brusques et bruyants du groupe, qui les inquiètent. S' ils veulent rompre leur isolement, ils trouveront un prétexte pour aller converser avec l' infirmière, une employée ou une surveillante visuelle. Ils iront parfois rejoindre des groupes de filles, des filles qui, pour 80 % d' entre elles, ont le même profil visuel qu' eux et , mentalement , fonctionnent donc comme eux .

Quant aux 20% d' auditives qui souffrent de solitude, elles aiment en général les poursuites, les bagarres, la compétition, le football, elles pourront aller se mêler aux garçons pour partager leurs jeux . Par leur comportement mental, elles se sentent plus proches d' une majorité de garçons, que de la plupart de leurs camarades visuelles .

La confusion

Une personne, qui dès l'enfance à l'école, du fait de difficultés liées à son profil, n' a pas eu d' ami (e) ; puis, adolescente au lycée, (parfois même dès le collège), a connu un douloureux sentiment d' abandon, .sans comprendre les raisons de sa solitude, peut être conduite au découragement, jusqu'à douter même de son identité sexuelle .

« Pourquoi ne suis-je pas comme les autres .».

Ce peut être le cas d'un visuel , à l'âge adulte, qui n'aurait que des amies visuelles , ou d' une auditive qui , malgré elle , ne fréquenterait que des camarades auditifs . C' est à ce niveau que se situe la méprise . Un homme qui n'arrive pas à nouer des relations amoureuses, n'est pas pour autant ,« psychologiquement » , une femme. C'est la plupart du temps , un visuel qui n' a pas encore trouvé la femme de profil complémentaire . Et inversement , pour l'auditive qui se croirait délaissée par les hommes.(Voir au chapitre 5: "Le risque de la solitude".)

Non . N' en déplaise à Judith Butler , l'une des principales propagandistes du «Gender» , («Trouble dans le genre» et «Défaire le genre» - La Découverte , 2005), **elle n ' est pas et ne sera jamais un homme .** Elle doit accepter d'être tout normalement **une auditive, une auditive comme 20 % des femmes de la planète.**

3/ L' inné ou l ' acquis

Les adeptes de la théorie du genre distinguent du sexe biologique ,le sexe social qui serait la résultante de deux influences, l'éducation et l'environnement culturel. Pour Sylvie Ayral, le sexe biologique nous identifie mâle et femelle, mais ce n'est pas pour autant que nous pouvons nous qualifier de "masculin " et de "féminin". («Terrafemina» – 2 septembre 2011) .

En résumé, pour ces partisans du «gender», c'est l'éducation, le milieu social, qui sont déterminants, et non la biologie .

Les faits, les expériences et les témoignages, que nous allons rapporter, sont des démentis cinglant à ces affirmations .

L'expérience du Dr John Money

En 1966 , les parents de deux jumeaux de 8 mois contactent le Dr Money . L'un d'eux , à la suite d'une circoncision qui s'est mal passée, a dû être amputé de son pénis . Le Dr Money est ce psychologue, sexologue néo-zélandais, qui a défini le «Genre» , comme *«la conduite sexuelle qu'on choisira d' habiter , hors de notre réalité corporelle»* . (Le Point – 31/01/2014)

Il voit, là, l'opportunité de vérifier sa théorie et persuade les parents des jumeaux de les élever , l' un comme un garçon , son frère mutilé en tant que fille, sous le nom de Brenda , leur disant que le seul fait de l ' habiller en rose , de lui faire porter la jupe , de lui donner des jouets appropriés , bref de l' éduquer comme une fille , ferait de lui une femme .

Mais surtout, recommandait-t-il, pour que l'expérience soit concluante, il est primordial de garder un secret absolu .

Rien ne se passera comme il l' avait prévu . La «fillette» , diront les parents, avait des traits masculins, marchait "comme un mec", arrachait la robe qu'elle refusait de porter, se montrait violente à l'école .

L'enfant en grandissant se sentait de plus en plus mal . A l' adolescence, elle ne supportait plus sa voix devenue grave .

Elle refusa la vaginoplastie , se sentait garçon et disait être attirée par les filles.

Affolés, les parents finirent par dire la vérité aux enfants. Brenda demandera alors à être greffé, redeviendra David et finira par se marier .

Mais la fin est tragique. Les deux frères, désarçonnés par les difficultés liées à l'expérience et au mensonge, ne s'en remettront pas . En 2002, Brian se suicide . Deux ans après , c' est David qui le suit .

Cela n' empêchera pas le Dr Money de proclamer la réussite de son expé-rience , dans un livre que les "cinglés" de la théorie du genre utilisent , encore au-jourd'hui , comme outil de propagande ..

Les guerrières

Moïra Sauvage, dans son livre d 'enquête sur les femmes qu' elle appelle: « guerrières » : ("Les Guerrières "-Actes Sud), démontre magistralement que l'éduca-tion, les expériences de la vie, l'environnement, ne modifient en rien les caractères dévolus à la naissance .

Elle a interrogé des femmes de pouvoir, d' autorité, d'action, qui sont donc à l' évidence des auditives . A chaque fois, le témoignage de ces femmes est le même: elles n' ont pas changé de caractère depuis la petite enfance:

D' Irène Khan , Moiron Sauvage nous dit *«Sa personnalité était la même dans l' enfance» (page 131)* . Elle cite Aida Touma : *«Mes parents me disent que j ' étais déjà comme ça» (page 132)*. Plus loin page134), elle relate: *«Rebiya , Patricia , Françoise ou Gira (....) se souviennent de traits de caractère présents en elles dès leurs plus jeunes années, de leur capacité à ne pas se soumettre à l ' autorité sans réfléchir, à oser faire ce qui (....) est encore plus interdit aux filles qu ' aux garçons»* .

Ensuite (page 137): la colonelle Annie Bord : *« Quand j ' étais petite , je n ' aimais jouer qu 'avec les garçons , je ne sais pas pourquoi , les filles me semblaient trop niaises»*

Et encore (page 137), Constance, policière à Paris: *«Les billes , les bagarres , je n ' aimais que ça , et monter aux arbres .»* .

Ces femmes ont ce caractère et cette autorité , du fait qu' elles sont nées auditives et non parce qu'elles seraient devenues quasiment des hommes , par l'éducation, sous quelque influence ou formatage que ce soit .
Femmes et auditives à la naissance , elles le sont restées .

Simone Beauvoir a tout faux.
Homme ou femme à la naissance , **on naît** aussi **visuel ou auditif**. On ne le devient pas .

L'action de la testostérone

On connaît aujourd'hui quelle est l'influence de la testostérone dans la détermination des traits comportementaux , avant la naissance .

C'est ainsi que le centre de recherche sur l ' autisme de Cambridge , sous la direction de Bonnie Auyeung , a montré «que les garçons et les filles présentent des comportements d 'autant plus «masculins» , que la concentration de testostérone dans le liquide amniotique était élevée durant la grossesse. Ce résultat a confirmé des études antérieures qui montraient que les filles ayant partagé l' utérus avec un jumeau garçon étaient plus «masculines» .

Autrement dit, si nous appliquons cette conclusion au comportement mental, c'est bien la concentration de testostérone dans le liquide amniotique pendant la grossesse qui détermine le profil auditif des nouveaux-nés . qu'ils soient filles ou garçons .

A contrario, on dira que les visuels et les visuelles le sont aussi à la naissance.(**5**)

---

(1) Exigence peu évidente dans son application , si l'on se réfère à la réalité dans les familles . Natacha Polony nous en donne un exemple .(Marianne - 4 au 10 octobre 2008) :
"Astrid est fataliste….Elle ne se maquille pas , s'habille sobrement, préfère les cols roulés , et sa fille Léa , ne veut porter que du rose et des paillettes .

«Eh oui, ... j'ai fait une pétasse! Je ne sais pas d'où ça lui vient . La télé? Elle la regarde à peine . Les copines? Sans doute , mais elles mêmes , d'où tirent-elles cette passion pour la guimauve et les niaiseries .»

«La différenciation sexuée se manifeste chez les enfants vers l ' âge de la petite Léa . L 'amour du rose chez les petites filles , comme le besoin pour les garçons de mépriser ce qui leur semble des caractères de l' autre sexe ., est selon les psychologues , une manifestation saine du développement infantile » …..

«….Si les petites filles acceptent assez facilement des jouets unisexes ou pour garçons , les garçons ne joueront jamais avec des jouets de filles »

(2)Sans doute y eut-il , cependant , quelques auditives pour préférer des tâches ,«dites masculines», et certains visuels ayant opté pour des activités appelées , à tort , «féminines» .

L'enseignement , l'éducation , les expériences de la vie , ne peuvent que bonifier et développer , les qualités visuelles et auditives dont chacun de nous est doté . C'est d'ailleurs l'un des objectifs prioritaires de l'institution scolaire .

Mais quels que soient les progrès réalisés , nous conservons , pendant toute notre existence , les caractères du profil prédominant qui nous a été donné à la naissance .

> *«Propos , conseil , enseignement*
> *Rien ne change un tempérament .»*
> *(Jean de la Fontaine – l'Horoscope)*

(3) Ce ne sont pas les quolibets , ni les insultes dont parle Vincent Peilhon qui , selon moi , sont les éléments déclencheurs déterminants , dans le suicide d'un adolescents , (même si les invectives n'ont rien de bien réjouissant) , mais l 'impasse dans laquelle il se trouve . Il avait cru rompre l'isolement en se rapprochant d' un partenaire de même sexe , et s'aperçoit qu'il est fort loin de la plénitude qu'il en attendait. A cela s'ajoute le goût amer de l'échec et le sentiment de culpabilité .

(4) Pour Stéphane Clerger , pédopsychiatre ,("Fémina.fr "): *«Sont dites viriles les traditionnelles qualités de courage , de loyauté ou de force . Mais comme celles-ci ont été , dans la lutte féministe, associées à la domination masculine , elles ont fini par être diabolisées .Or , pour le pédopsychiatre , accepter et valoriser les qualités intrinsèques de chaque enfant sans les rattacher à l 'étiquette «fille» ou «garçon» , sont les meilleures façons de ne mettre personne en position d' infériorité ou de supériorité .Un garçon calme qui aime jouer à la dînette n'est pas moins masculin qu'un enfant très actif , passionné de foot . En retour , une fille sportive n ' a pas à être qualifiée de «garçon manqué» .*

(5) Melissa Hines a étudié le comportement de petites filles de trois ans et demi . Elles étaient d' autant plus féminines que le taux de testostérone de leurs mères , avant leur naissance , était moins élevé .

(« La revanche du chromosome X» - O. Postel-Vinay – Page 238)

7

LA VIOLENCE AU FEMININ

Les femmes sont érigées en victimes collectives
des hommes bourreaux. .
Or , selon moi , les femmes portent en
elles autant de sadisme que les hommes. Il faut
arrêter de nourrir ce mythe de l'innocence
féminine .

(Élisabeth Badinter – Marianne n° 400)

En fait de violence , de nos jours comme par le passé , les stéréotypes sont tenaces : la violence ne pourrait être le fait que de l'homme . La femme , quant à elle , personnifierait la douceur , la fragilité , le dévouement. Se pourrait-il qu' il en fût autrement ? Son évocation ne nous renvoie-t-elle pas à l'image de la mère protectrice , à celle de la sœur aimante ou de l'épouse modèle . Comment imaginer qu' elle puisse être capable , dans la vie sociale de chaque jour , de brutalités et de cruautés ?

Les hommes pâtissent , quant à eux , d'un traitement très défavorable . Ils sont la cible des féministes , avec la bienveillante complicité des médias , et cela parfois, jusqu'au délire . Ainsi Nancy Huston , romancière et essayistes (Le Monde du 17 et 18 mai 2009).

« ... Les sociétés de tout temps s' acharnent à fabriquer justement des hommes – en contraignant les garçons par la violence, les menaces et l' humiliation , à se différencier des filles --

C'est tellement énorme qu' on ne le voit même pas .: les hommes constituent , de par le monde , entre 90% et 100% des criminels , des pédophiles , des violeurs , des généraux , des chefs d' Etat et des grands leaders religieux .»

Ou encore , Mme Scott , sociologue, présidente de la «*National organization for women*» ,

«Les Etats modernes sont dirigés uniquement par les mâles. Or les valeurs masculines: agressivité , esprit de rivalité , ambition de dominer autrui , sont en grande partie responsables des difficultés mondiales , guerre , surpeuplement , pollution, course aux armements , qui conduisent à un suicide collectif .»

Ce que Mme Scott considère comme des valeurs masculines , sont en fait des caractéristiques, que l'on retrouve aussi bien chez les hommes que chez les femmes qui disposent d'un profil auditif.

La violence des femmes .
Les crimes et délits commis par les femmes sont comparables à ceux

commis par les hommes .

Jean – Paul Copetti précise qu' en 2009 , sur 770 meurtres , 110 avaient été commis par des femmes , soit 14,5 % du total . [«Les dames de pique du Quai des Orfèvres: meurtres au féminin» .]

Maintenant , si l' on considère le total des condamnations pour violence , la délinquance des femmes ne représenteraient que 4% environ du total .

Ce faible pourcentage est contesté par certains observateurs pour plusieurs raisons:

** Il y aurait deux formes de violence , l'une physique , plus répandue chez les hommes , l 'autre psychologique , dans laquelle excelleraient surtout les femmes , mais plus difficile à démontrer .

** D' autres ajoutent que la violence des femmes étant plus rare, les tribunaux , pour des infractions similaires , auraient tendance à céder aux poids des stéréotypes , en relaxant , ou en condamnant moins lourdement les femmes .

** Enfin , certains crimes , certains délits , ne sauraient être imputables aux femmes , en fait d' inceste par exemple, car le viol n' est constitué , dans notre droit, que s' il y a eu pénétration .

Motivations de la violence

Elles sont les mêmes qu ' il s' agissent d' un homme ou d'une femme : vengeance , appât du gain (vol avec violence , meurtre en vue d' un héritage , pour percevoir une assurance vie) , domination , contrôle de l ' autre .

Jean-Paul Copetti souligne que la femme «n' apparaît , en général , en tant qu' auteur» que pour des raisons passionnelles , de vengeance , de maladie mentale ou encore pour un mobile politique (terrorisme).

(20 % des crimes passionnels , sont le fait de femmes . A rapprocher du pourcentage de femmes auditives(20 %), sur l 'ensemble des auditifs) (1) ,

La plupart du temps , elles agissent seules , n'utilisent que rarement l' arme à feu .

La testostérone .

Y aurait-il une corrélation entre le taux de testostérone sanguine , l' agres- sivité et le passage à l' acte? Certains chercheurs le pensent, la volonté de domination et de contrôle de l'autre, l' engagement physique, étant les caractéristiques du profil des auditifs .

On est souvent surpris par les violences commises par des femmes .Que l' on se souvienne , pour nous limiter à quatre exemples , de ces adolescentes internes qui, le 4 septembre 2006 ont torturé leur camarade de 14 ans au château de Son- champ, de cette femme de 40 ans qui, en octobre 2011, au Pontet, a avoué avoir donné de multiples coups de couteau à ses deux voisins, ligotés, pendant plusieurs heures, avant d' incendier leurs corps . Plus récemment, en avril 2014, à Narbonne, deux amies de 13 ans ont tenté de tuer la famille de l' une d' entre elle .

Aux Etats -Unis , en février 2014, une tueuse en série, Miranda Barbour,

19 ans, a été arrêtée après plusieurs homicides. Elle n' a pu donner le nombre exact de ses victimes;

– «À 22 , *j' ai cessé de compter , dira-t-elle.*»

Les hommes battus .

Les violences conjugales sur les femmes représentent le quart des violences volontaires en France . Dans les journaux , à la télévision , dans les déclarations d' hommes et de femmes politiques, il n' est question que de « lutte contre les violences faites aux femmes», «de protection de la femme» , ...

Pourtant , l' observatoire national de la délinquance note que, dans un cas de violences conjugales sur six, c'est un homme qui les subit. Les hommes battus représenteraient près de 18 % de l 'ensemble des victimes .

Dans le cadre du couple , celui qui fait violence à l ' autre , exerce de fait un abus de domination qui peut prendre la forme de contraintes, d' agressions physiques ou psychologiques, d' enfermement, de privations .

Sophie Torrent , (auteur de «l ' Homme battu , un tabou ") , explique que : *« Pour les hommes, la situation est peut-être encore plus dure à vivre que pour les femmes. L'identité masculine de ces hommes est niée. Une femme sera soutenue, on la plaindra. Mais l'homme, lui, n'est plus un homme. Je suis surprise de voir à quel point les instances juridiques restent silencieuses. C'est quand même invraisemblable que l'on nie cette violence! le plus souvent, on cherche à minimiser le phénomène. C'est aussi une question financière car le budget de l'Etat va aux associations féministes.»*

Sylviane Spitzer, présidentes de"SOS Hommes battus", parle de130 000 hommes maltraités, recensés tous les ans. Un chiffre sous évalué, compte tenu du sentiment de honte qui retient bon nombre de victimes de se manifester. Elle ajoute :

«Dans les couples où c'est l'homme qui est victime , il existe une forte violence psychologique. Cela peut durer des années avant que la compagne passe à "l'agir" de la violence physique . L'homme déstructuré psychiquement n'est plus en état d'anticiper et de réagir. C'est alors que les coups, les morsures, les coups de pieds peuvent pleuvoir.

«Alors que dans les couples où c'est la femme qui est victime, cela débute souvent par la violence physique . Il s'agit d'installer le souvenir de la souffrance physique. La violence psychologique s'installe par la peur des représailles , puis la déstructuration de la personnalité se réalise petit à petit .

«En fait, les «méthodes» sont les mêmes mais elles n'apparaissent pas dans le même ordre chronologique.»

Le profil des victimes

Dans le développement consacré au mariage , nous avons pu montrer que le profil dominant dans le couple est presque toujours auditif. Autrement dit, les femmes battues, les hommes maltraités, sont surtout de profil visuel .

Ce n ' est donc pas le fruit du hasard , si le pourcentage des hommes battus (estimé à 18% des victimes) , correspond en proportion à celui des visuels (autour de 20 % des hommes).

Ainsi , **la violence n' a pas de sexe , mais un profil , celui des auditifs** .

(1) «Dans huit cas sur dix , l'auteur d'un crime passionnel est un homme» - (L' Express» du 13 / 7 / 2000) . (Soit 80% . C'est aussi le pourcentage des hommes sur l'ensemble des auditifs).

8

LE DICTAT DES FEMINISTES.

Une minorité active

Les féministes sont très peu nombreuses , mais comme elles parlent haut et fort, elles sont les seules à se faire entendre. Elles s' imposent comme porte-parole de toutes les femmes, dont elles ne représentent pourtant qu'une infime minorité. Auditives, elles sont loin de faire l'unanimité, même chez les 20 % de femmes qui appartiennent à leur profil, parmi lesquelles un grand nombre de femmes de pouvoir, en entreprise ou en politique.

Autrement dit : si la plupart des féministes ont le profil des auditives , les auditives sont loin d' être toutes des féministes

La lutte contre le machisme , pour le pouvoir .

C'est l' obsession principale des féministes, de vouloir dénoncer le comportement prépondérant des hommes qui , disent elles, veulent imposer aux femmes leur domination, tant au plan de la vie sociale que domestique .

En fait , nous le savons, [Chapitre 4 – "Pour une autre égalité "], qu' il soit féminin ou masculin, le pouvoir est auditif . Les politiques, les chefs d' entreprises , hommes ou femmes, ont pour la plupart le même profil , et les auditives, en consé - quence , ont les mêmes défauts que ceux dénoncés, par elles, chez leurs collègues masculins: désir de domination , volonté de puissance, ambition . Autrement dit , on est face à un machisme au féminin .

Les femmes engagées dans la vie politique ont compris, depuis longtemps, qu'elles auraient tout à gagner à relayer les mots d' ordre des féministes. A force de crier au «machisme», à l 'injustice, de dénoncer un pseudo «plafond de verre», à force de tintamarre médiatique, elles ont obtenu au nom de la "parité", que des lois, des aménagements réglementaires , leur permettent, dans les consultations locales ou nationales, de peser électoralement plus , que les 20% qu'elles sont censées représenter en tant qu' auditives. Une sorte de hold-up ! (A titre d' exemple : elles représentent 50% des élus , dans les assemblées départementales depuis Mars 2015).

De plus, ce battage médiatique a porté l' opinion à penser que ce seraient les femmes dans leur ensemble qui, unanimement, partageraient les mêmes préoccu - pations et exigeraient que l' on prenne en compte leurs revendications . Or, elles ne sont qu' une minorité à être mues par l' ambition , la soif du pouvoir et par l'appât du gain .

Les visuelles , pour la plus grande part d'entre elles , est-il utile encore   de le préciser , ne se sentent en rien concernées par leurs propos , leurs revendications , ni leur diktat , et nombreuses sont celles qui seraient prêtes à réduire leur temps de travail, à renoncer à une partie de leur salaire, pour mieux se consacrer à l'éducation de leurs enfants, si le revenu du ménage le leur permettait. À l'opposé des auditives, elles éprouvent une certaine réticence à se mettre en avant . (1)

Le flop des séries télévisées .

Point n'est besoin d' aller chercher ailleurs une explication au bide des séries télévisées célébrant le pouvoir féminin . Des chaînes de télévision avaient cru astu-cieux de «surfer sur l' air du temps» en programmant des séries , où c'étaient des femmes qui détenaient les rênes du pouvoir .

Il y eut , sur France 2 , une série en six épisodes , «L'État de grâce». La part d' audience ne dépassa pas les 10% , " un désastre historique " , pour France 2 , où l 'on se déclara "très surpris", d' autant que le scénariste, Jean-Luc Gaget, s' était ap-puyé sur les conseils d' Anne Hidalgo, d' Élisabeth Guigou, de Clémentine Autain, et de Roxane Decorte ," que des gagnantes ", précisait-on .

(Et donc : "**que des auditives**" , ajoutera le lecteur .) («Le Choc du mois»- Janvier 2007)

M6 , ne fit pas mieux avec «Commander in chief». (Bravo, déjà, pour le titre en anglais sur une chaîne française!). Dix-huit épisodes pour relater les aventures d'une femme parvenue à la présidence des Etats-Unis .

Ayant jugé les 12% d'audience insuffisants , la direction de M6 retira la série de la grille des programmes , au douzième épisode, pour enrayer la fuite des publi-citaires qui désertaient la chaîne . («Le Choc du mois» – Janvier 2007)

En réalité, le combat que mènent les féministes contre le «machisme» est tout à fait étranger à une majorité de femmes visuelles, extraverties , qui privilégient la vie familiale, les valeurs domestiques et n' hésitent pas à affirmer qu'elles s' accom-modent fort bien d' un mari protecteur, que leur préférence va vers les hommes forts , ceux que l'on dit «machistes».

Le pouvoir ne les intéresse pas. Parce que visuelles, elles cons tituent à elles seules, 80% de l'échantillon féminin qui permet aux médiats de connaître les avis et les goûts, censés être ceux de "la ménagère de moins de cinquante ans".(2)

Aux séries télévisées sur le pouvoir des femmes , les visuelles préféreront plutôt les télé-réalités , les films tendres et les aventures sentimentales .

La répartition des tâches ménagères .

J' avoue que les enquêtes de l'ERFI (Etude des relations familiales intergéné-rationnelles – Ined-Insee), concernant la répartition des tâches ménagères , chez 6600 personnes , (dont 56% de femmes en 2011), me laissent perplexe .

D'abord , les tâches ménagères prises en compte , se limitent à "la prépara -
tion des repas ", à "la vaisselle" , au "repassage" , à "passer l 'aspirateur", à "l a tenue
des comptes", à "faire les courses" , et aux "relations sociales familiales" .

Ensuite , comme l' enquête porte sur le témoignage spontané des personnes
interrogées, on ne peut exclure ni la suggestibilité, ni l'imprécision, ni le militantisme.

Le tableau de répartition des tâches , montre que les activités ménagères
seraient, à 50% , toujours ou le plus souvent à la charge de la femme , à 35%
environ effectuées également par l'homme et par la femme . De 15 à 20 % , seul ou
le plus souvent , par l 'homme . (A rapprocher des 20% de visuels chez les hommes).

Le repassage est , à 85% , dévolu à la femme , ce qui signifie que les 15 %
qui restent , représentent la part des hommes (à priori des visuels). (3)

(Source Ined-Insee , Erfi – 205)

Les militantes féministes s'appuient sur ces résultats pour donner libre court
à leur indignation , elles se gardent bien de prendre en compte un certain nombre de
tâches domestiques , effectuées principalement par les hommes , comme les travaux
d' entretien de la maison (peinture plomberie …), le jardinage , le bricolage ….

L'opposition des profils

Les auditifs , hommes ou femmes , du fait des caractéristiques de leur profil,
accorderont moins d'importance au ménage , contrairement aux visuels et visuelles ,
plus attachés à l' ordre et à la propreté du nid familial . Certaines maîtresses de
maison , mais aussi parfois des maris visuels , véritables maniaques de la propreté,
gaspilleront leur temps à traquer le moindre grain de poussière .

Pourquoi le mari auditif , c'est le cas dans 80% de ménage , accepterait-il de
passer plus d' une heure ¼ par jour (c'est paraît-il, une moyenne statistique) à des
corvées , s' il ne voit pas la nécessité d'en faire plus , alors que son épouse pourra se
dépenser , parfois plus de 2 h ½ , à une activité que , lui , ne juge pas indispensable.
Bien sûr , l'exemple vaut aussi pour une ménagère auditive , vis-à-vis d' un mari qui
serait perfectionniste .

Qui dit profils opposés , dit: "goûts différents". On trouvera tous les cas de
figure . C'est parfois monsieur qui s' occupe du linge , de la préparation des repas , de
la scolarité des enfants , pendant que madame , les outils à la main , fait la chasse aux
fuites d'eau ou , couchée sur le trottoir , devant la porte de la maison , répare la moto.

Enfant , j' ai connu une famille qui voyageait souvent par le train , (chaque
ménage n'avait pas encore sa voiture). Quand elle partait pour un long trajet , le père
n' oubliait jamais d' apporter son ouvrage . Il tricotait des chandails pour ses enfants.

Des revendications dépassées

Les féministes sont-elles vraiment les mieux qualifiées à vouloir prescrire
ce que devrait être le mode de fonctionnement des couples à la maison , alors que la
plupart des pures militantes, ont choisi de se passer des hommes .

Les couples modernes ne sont pas dans l'attente de leurs injonctions , pour gérer le quotidien et , dans la multitude des cas , il n'est pas improbable que les disparités constatées , dans la répartition des tâches ménagères, ne soient non seulement acceptées mais, encore même, voulues .

On n'est plus à l'époque où il fallait se lever tôt le jour de lessive , pour faire chauffer l'eau de la lessiveuse . On y faisait bouillir les draps , avant d'aller les frapper à coup de battoir , au lavoir municipal . Quant à la corvée de vaisselle , elle est bien allégée de nos jours .

Avec le progrès technique , les revendications traditionnelles des féministes sur le partage des tâches à la maison , nous apparaissent tellement désuètes! Aujourd'hui , lequel des deux époux devra assumer la corvée , celle d'actionner l'interrupteur pour mettre en marche le lave-vaisselle ou la machine à laver ? A qui reviendra la pénible tâche d'appuyer sur le bouton de l'aspirateur- robot ?

Le rouage féministe d'une subversion sociétale .

Les revendications féministes sont bien sûr relayées par les tenants des idéologies , qui appuient un combat qu'ils pensent destructeur des équilibres de la vie familiale , politique et sociale .

Eric Zemmour a cru devoir dénoncer une "féminisation de la société" . Je ne partage pas son point de vue. Je pense que le talentueux polémiste , comme beaucoup d'entre nous , méconnaît la réalité sociétale , qui n'est pas celle que nous impose le prisme déformant des matraquages médiatiques .

Les femmes , que l'on nous présente dans les émissions de variétés, films ou séries, n'ont rien à voir avec la multitude de celles que nous côtoyons quotidiennement . Pourquoi l'immense foule , que nous avons vus défiler à Paris pour défendre la famille traditionnelle , seraient- elle moins représentative de l'opinion d'un pays, que le noyau formaté des présentatrices et des animateurs d'émissions ? En quoi les commentaires de participants choisis pour les débats télévisés ou , lors de micros-trottoirs , les avis de passants soigneusement sélectionnés , refléteraient-ils fidèlement ce que pense vraiment l'immense majorité silencieuse des français ?

Plutôt que de «féminisation de la société» , ne faudrait-il pas mieux parler, d'une «hystérisation féministe » du monde médiatique , tant il s'acharne , à la suite des lobbys , à vouloir détruire la famille traditionnelle , en soutenant l'action de mouvements plus ou moins subversifs (les lesbiennes , les Pussy Riot , les activistes Femen

_____

(1)La presse parle trop peu des femmes ,souligne une étude de l'Association des femmes journalistes , qui précise "que le pourcentage de citations des femmes dans les colonnes de la presse écrite atteint 18 % " .(«Le Monde» du 27/09/2006). "Si l'on fait abstraction des pages de

publicité où les femmes sont très largement majoritaires, leur présence au gré du traitement de l'information est très en deçà de celle des hommes . Les femmes ont moins tendance à se mettre en avant que les hommes » (Isabelle Germain) . [**18 % , c'** est proche du pourcentage des auditives .]

En fait , ce ne sont pas les femmes en général qui répugnent à se mettre en avant , mais les visuelles . Les auditives quant à elles , ont généralement plus d'ambition . Isabelle Germain, bien sûr, ignore l'existence des deux profils prédominants et leurs caractéristiques spécifiques .

Une étude du «Who make the you» réalisée en 2005 , montrait que , dans les médias , *« lorsque l'on a recours à un expert , c'est un homme à 83% , et que les porte-parole sont à 86 % de sexe masculin . »*
(« Le Monde » du 27/09/2006)

(2) Depuis le 11 décembre 2014 , «La ménagère de moins de 50 ans» a été remplacée par la «FRDA»,(Femme Responsable principale Des Achats du foyer) .
Compte tenu de l 'évolution de la société, «Médiatrie» a souhaité élargir la palette des critères de consommation retenus .

(3)Le repassage a de nombreux «accro», hommes ou femmes, pour qui le repassage est loin d'être une corvée ..
C'est le cas de l' une de mes nièces, pour qui repasser est un moment privilégié de détente ,de plaisir, une sorte de récompense , une fois finies les tâches du ménages jugées , par elle , plus ingrates ..
Que son mari s'avisât d' exiger sa part de repassage, (mais ici , le risque zéro existe bien) , serait un motif grave de discorde .

(4) Un jour Nick Rockefeller avait demandé au réalisateur et metteur en scène Aaron Russo , (article de Paul Joseph Watson – www.prison planet. com) , ce qu'il pensait des mouvements féministes .
Le réalisateur avait répondu que , par leur action, les féministes luttaient pour que les femmes aient les mêmes droits que les hommes et des salaires égaux . Rockefeller s'était mis à rire. Puis il lui révéla pourquoi sa famille avait financé les mouvements féministes .Avant l'émancipation de la femme , les banques ne pouvaient prêter qu' à la moitié de la population .
De plus , les femmes au travail ayant moins de temps à consacrer à l 'éducation des enfants , il sera plus facile d' endoctriner ceux qui considéreront désormais que l ' État est leur première famille et , ainsi , de mettre à mal la famille traditionnelle .

Ajoutons qu'une militante féministe de la première heure , Gloria Steinem , a reconnu que la CIA avait financé la revue «Mrs Magasine» , qu'elle avait lancée en 1972 , avec la même intention de détruire le modèle traditionnel de la famille . (dans «yogaesoteric!»)

POSTFACE

Mes arguments auront-ils été suffisamment convaincants? Ce que je me suis efforcé de montrer dans cet ouvrage portant sur les grandes controverses sociétales de notre temps, c'est que la clé principale de l' explication, quand il s'agit de phénomènes sociaux, réside moins dans la séparation des sexes , que dans l'opposition et la complémentarité des deux profils mentaux , le visuel et l'auditif , chacun ayant ses caractéristiques propres .

SAVOIR ET COMPRENDRE

Cette même démarche, appliquée à l'éventail d' une multitude de faits et de situations dans notre société, permet d'élucider quelques interrogations et de résoudre même, à l'occasion, certaines énigmes à résonance médiatique(Cf: «Le plafond de verre »- Chapitre 4 .) , qui échappent à nos contemporains, peu au fait des deux profils prédominants . Elle a de plus le mérite de remettre en cause bien des idées reçues .
Enfin, j'espère avoir fait œuvre utile, en essayant d' attirer l'attention des lecteurs sur la nuisance pernicieuse des préjugés, fruit de l'ignorance quasi générale, s'agissant de comportement mental.

TORDRE LE COU AUX IDEES RECUES

== **En matière de violences conjugales**, on ne traite dans la presse et à la télévision, que de la violence faite aux femmes et des mesures pour les protéger, ce qui sans conteste est une excellente chose. Mais on occulte complètement que 18% des victimes de violences conjugales sont des hommes . Il y a tout lieu de penser, le désir de domination étant une caractéristique des auditifs, que ce sont les visuels (hommes et femmes) qui subissent coups et humiliations dans le couple. On pourra rapprocher le pourcentage des hommes battus (18%) de celui des ménages (autour de 20%), où c'est la femme, auditive , qui du fait de son profil , exerce le pouvoir et prend très souvent seule toutes les décisions .
[voir dans : chapitre 7 "Violence au féminin" Les hommes battus].

== **Les statistiques de la prévention routière** le répètent : les femmes ont moins d'accidents que les hommes . Plus prudentes , elles ne se sentiraient pas poussées par le désir d'épater la galerie, par une conduite sportive, et respecteraient mieux la signalisation .

Les pourcentages n' ont pas bougés depuis 1970 : si 75% des morts sur la route sont des hommes , et 25% des femmes (les femmes étant passagères , plus souvent que les hommes) , huit morts sur dix sont provoqués par des hommes . Ce qui signifie que les femmes sont , quant à elles , à l'origine de 20% des accidents mortels   .

S' en tenir à cette constatation, sans aller au fond d'une analyse plus poussée, ce serait se priver de connaître et de nuancer une réalité plus complexe .

En réalité, ce ne sont pas les femmes qui conduisent plus prudemment, mais les visuels , (80% de conductrices , pour 20% de conducteurs).

Quant à la prise de risque, si elle est bien évidemment le fait de conducteurs auditifs, elle concerne aussi 20% de femmes auditives ..

Jusqu'en 2011, les femmes , censées conduire mieux que les hommes, bénéficiaient de tarifs préférentiels de la part des assureurs , ce qui n'était guère équitable, puisque les auditives , conductrices à risque , y avaient droit , alors que les conducteurs visuels , plus disciplinés, en étaient exclus .

(Par un arrêt du 1° mars 2011 , la Cour de justice de l 'Union Européenne à jugé que la distinction tarifaire basée sur le sexe , revêtait un caractère discriminatoire)

==Les femmes aussi savent composer .

On entend souvent la remarque qu' il y a peu de femmes compositrices, comme si la musique était le domaine réservé des hommes .

Citant "Esméralda de Louise Bertin" , les "symphonies de Louise Farrenc" , Gérard Condé évoque la foisonnante production des compositrices du XX° siècle . («Le Monde du 1 et 2 mars 2009»*)*

«Ce qui fausse la perspective, c'est la disproportion entre les milliers de compositrices du passé et le million de compositeurs: l'immense majorité étant oubliée, les hommes n'ont que l'avantage du nombre .»

C'est un fait que les musiciens sont en général des auditifs , (les auditifs privilégiant ce qu'ils entendent à ce qu'ils voient) . Le décalage en nombre , entre compositrices et compositeurs , est cohérent , si l'on considère le faible pourcentages des auditives (20% , comparé aux 80% d' auditifs) .

== Le jeu d'échec .

Joël Lautier pose la question :

-- *«Pourquoi y a-t-il si peu de femmes parmi les joueurs de haut niveau?»*

Il nous livre son sentiment ("Le Monde" - juin 2006)

-- *«La perspective de passer une journée entière à analyser seul des variantes d' ouvertures ne semble pas susciter la même fascination selon le sexe .»*

On serait en accord avec lui , si au lieu de parler de:" **fascination selon le sexe** ", il avait plutôt écrit : " **fascination selon le profil mental** ". En effet , si tout le monde, bien sûr, peut jouer aux échecs, les concours de haut niveau semblent réservés aux auditifs, plus susceptibles que les visuels d' une attention durable , et capables d'une grande concentration .

Si les femmes auditives sont, du fait même de leur profil,moins nombreuses, il y a cependant parmi elles des joueuses exceptionnelles, dont Judit Polgar, surnommée : «le Mozart des échecs». La hongroise, aujourd'hui retirée, boudait les concours féminins, préférant jouer avec les hommes. Elles s'amusait des excuses données par ces derniers , lorsqu'ils perdaient:

- *« Je n' ai jamais gagné* , disait-elle , *contre un adversaire en bonne santé».*

== «Sortir» avec des journalistes

Dernièrement, lors d' un débat sur une chaîne, des commentateurs remarquaient qu'il n'était pas rare d'assister à des liaisons entre des hommes politiques et des femmes journalistes. Mais, à l'inverse, ils n'avaient pas connaissance qu' une seule élue «soit sortie» avec un journaliste , et ils se demandaient quelle pouvait en être la raison .

On peut leur proposer une réponse . Les acteurs politiques sont presque exclusivement auditifs [Voir chapitre 3, question de profil]. Leur profil complémentaire est donc visuel .

Mais, si pour un homme politique, la rencontre avec des journalistes visuelles est habituelle (80% des femmes le sont), par contre, une femme élue n 'aura que peu l'occasion de côtoyer des journalistes visuels (20% seulement des hommes sont visuels.)   (Voir chapitre 5 – Le risque de la solitude .)

On pourrait multiplier les exemples, mais le lecteur, qui possède maintenant le mode d'emploi, pourra aisément démasquer bien d'autres clichés et stéréotypes, car la liste en est fort longue .

IGNORER LES PREJUGÉS

Certes, nous nous sommes tous sentis, un jour ou l' autre, seuls, fragilisés, à l'occasion d'un décès, d' un licenciement, d' une rupture, et en de bien d'autres circonstances, mais il est indéniable que les plus vulnérables d'entre nous font partie des auditives et des (garçons) visuels car , étant donné leur petit nombre relatif, c 'est parmi eux que se trouveront les victimes de moqueries et de brimades en milieu scolaire . **Implacable loi du nombre** . (1) .

Au collège, au lycée, ils pourront souffrir de solitude et, plus tard, il ne leur sera pas toujours aisé de trouver l'âme sœur. Dans le milieu professionnel, ils subiront parfois le dédain , ou l'indifférence des cadres et des collègues .

On trouve toujours à la racine des incompréhensions et de l'intolérance , les clichés et les préjugés , produits viciés de l' ignorance .

== **Dans les professions**

Le fait pour les (garçons) visuels et les auditives, d' appartenir à des profils à risque, ne signifie pas pour autant que tous rencontreront nécessairement des difficultés .

Cependant, dans la réalité, bien que les mentalités soient en train d' évoluer, bien des auditives, pourtant épanouies et équilibrées, ne pourront échapper, elles non plus, au poids des préjugés .

C'est le cas de Pascale D. , l'une de mes anciennes élèves .

Ayant pris contact , par l'intermédiaire des réseaux sociaux , pour me donner de ses nouvelles , elle semblait quelque peu gênée d'écrire qu'elle avait effectué un service militaire de 21 mois et qu'elle exerçait un métier , réputé (à tort) masculin. Elle écrivait:

-- « .....*Sinon, j'ai fini par décrocher un BAC commercial . J'ai ensuite pris une toute autre direction professionnelle , puisque j'ai fait un service militaire de 21 mois (eh oui, ça c'est mon côté garçon manqué...). Pour finir, voilà 14 ans que je suis engagée dans la gendarmerie où je viens d'accéder au grade d'adjudant. Je devrais d'ailleurs prochainement prendre le commandement d'une brigade......*»

Bien sûr , je ne manquai pas dans ma réponse de la rassurer sur ma position personnelle, quant à son «côté garçon manqué», avec les arguments que l' on connaît .

Il faut cesser de parler de métiers masculins, de professions féminine, dans la mesure où toutes les branches, et dans tous les secteurs, sont ouvertes aujourd'hui, indistinctement, aux hommes et aux femmes .

== **Dans le sport**

Souvent, c'est l' entourage qui cède à la pression du : - "qu'en dira-t-on ? " -

Karine L, élève de 6°, auditive, elle aussi, était une véritable magicienne du ballon rond . A sa demande, ses parents l' avaient inscrite dans un club, où faute de structure organisée pour les filles , on l' avait intégrée dans une équipe de garçons. (C'était au début des années 1980) .

J' avais su, par ses parents, que les dirigeants de plusieurs équipes adverses avaient porté réclamation pour faire annuler les résultats, le règlement du comité ne prévoyant pas, dans ses statuts, la présence de filles dans les équipes de garçons.

Mais au fond, ce qu' on lui reprochait, c'était de faire gagner son équipe .

Trente ans après, en févier 2011, elle me contacta par facebook. Nous avons échangé quelques messages . Dans l'un d'eux, je lui disais me souvenir qu' elle faisait partie d'une équipe de football .

«Oui ,c'est bien ça pour le football , me répondit-elle . Je me souviens surtout que mon père a voulu que j'arrête , car il avait peur que je me casse une jambe!»

Ce genre de prétexte ne trompe personne et, à l'époque, plus que de nos jours encore, qu'une fille pratiquât le football ou le rugby, n'était pas particulièrement bien vu des «bonnes gens».

== Dans la famille

De nos jours, dans les familles, les préjugés semblent encore très enracinés, quand il s'agit d'un garçon qui manifeste son choix d' orientation pour un métier (réputé encore) «féminin». On est bien moins regardant, désormais, si une fille marque sa préférence pour une profession (dite) «masculine» .

Qu'elle envisage de conduire des poids lourds,des engins de chantier, de s'engager dans l'armée, de servir chez les sapeurs pompiers, cela ne dérange presque plus personne . Mais qu' un garçon annonce son intention d 'exercer l' un des métiers de la mode, de se lancer dans la haute coiffure, ou souhaite devenir esthéticien, aussitôt les parents s'inquiètent, s'alarment, disent leur désaccord, tant les stéréo- types hommes-femmes restent encore pesants et dévastateurs .

On comprend qu'un père, une mère, soient partagés. Ils veulent le bonheur de leur enfant, mais souhaiteraient aussi le protéger, éventuellement contre lui-même et lui venir en aide. Mais au fond, ce que craignent avant tout les parents, c'est moins un échec éventuel de leur garçon dans son orientation, que le jugement supposé des voisins, de la famille et des amis .

Pour autant, la vocation des parents n'est-elle pas d 'épauler leur enfant dans la construction de son avenir, en l' encourageant à suivre le chemin qu' il souhaiterait choisir ? Il faut faire fi de ce qu' en pourront penser les voisins, le cousin Paul, la cousine Berthe , les amis . Le plus probable, d'ailleurs, c'est qu'il n' en penseront rien .

On pourrait évoquer aussi les réticences des parents, lorsque l' un de leurs fils souhaite intégrer une école de danse classique . Leur inquiétude risque d'être la même . Cependant, s'ils pouvaient concevoir un seul instant ce que sera leur fierté, quand ils le verront se produire sur la scène ! Qu' ils pensent au bonheur du public réalisant que c'est un danseur et non pas, faute de mieux, une fille déguisée en garçon, qui, dans son rôle de cavalier, assure les portés et les prises à la taille de la danseuse, ovationnée reine d'un soir .

Les écoles de danse en province manquent cruellement de danseurs .Il faut encourager les garçons qui le souhaitent, à s' y inscrire, pour l'art, mais aussi dans l'intérêt de la danse. Méprisons les clichés. Loin d' être efféminés, les danseurs soumis à des exercices rigoureux et à de multiples répétitions, sont en fait de solides athlètes , aguerris et accomplis .

==A l'école

Les enfants victimes de brimades et de moqueries, seraient désormais bien moins nombreux, si dès le CM 2 ou la sixième, on proposait à tous les élèves, sous forme d'activité récréative à la fin d'un cour, de remplir un questionnaire leur permettant de découvrir quel est leur profil prédominant. (2) Ils comprendraient, dès lors, que les (garçons) visuels et les auditives ne sont ni des marginaux, ni des anormaux, mais qu'ils occupent en classe et dans la société en générale, une place irremplaçable, grâce à la spécificité de leurs comportements respectifs et à la richesse de leurs dons .

Quand les filles d'une classe traitent l'une de leurs camarades d'«intello», que l'un des garçons est moqué , stigmatisé dans ses origines , ou surnommé du fait d'une particularité physique, les professeurs font bien de réprimander et d'appeler les élèves à respecter chacun de leurs camarades , comme on doit le faire pour tout un chacun . Néanmoins, ce qu'ignorent la plupart des enseignants, c'est que la dérision, les railleries, ne sont que les justifications inconscientes du groupe, de son rejet de l'autre . Autrement dit, une fille n'est pas vilipendée parce qu'elle est «intello», mais parce qu'elle est auditive, en conflit avec ses camarades visuelles. Des enfants qui sont grands, petits, ont un gros nez, il peut y en avoir en classe, sans pour autant qu'on le fasse remarquer. Mais un visuel, s'il est en rupture avec ses camarades auditifs, lui, n'échappera pas aux quolibets .

AIDER ET SECOURIR

J'ai essayé de transmettre aux lecteurs l'essentiel de mes réflexions en matière de comportement mental, à charge, si ma démarche a pu susciter chez eux quelque intérêt, de convaincre à présent leur entourage du bien fondé de mon étude et de mes analyses. Je mesure l'importance qu'ils pourront avoir dans la diffusion de mes conclusions. Je pense notamment aux parents et aux enseignants. Leur vocation principale n'est-elle pas l'éducation et l'enseignement? Les enfants ne manqueront pas de relayer plus tard, ce qu'ils auront appris .

Sensibilisés au sentiment d'isolement que pourront connaître : un enfant à l'école, un adulte dans sa propre maison ou sur son lieu de travail, les lecteurs seront maintenant en mesure de faire le bon diagnostic et de déceler l'origine des difficultés et des tensions relationnelles rencontrées par l'un de leurs proches, pour lui venir en aide, sous la forme la plus appropriée, mais déjà en l'éclairant sur les caractéristiques de son profil . Car l'informer, c'est déjà l'aider .   .

Un père et une mère, seront bien sûr attentifs aux variations de l' humeur de chacun de leurs enfants, à ses changements de postures. Une tristesse soudaine, des cauchemars la nuit, une réticences pour se rendre à l'école, sont autant de signes qui peuvent traduire de grandes difficultés d'intégration scolaire. Chez un élève auditif en cours préparatoire, ce sera souvent l'indication d'un désarroi profond, dû à une méthode de lecture inappropriée. (Voir Annexe V)

La mésentente entre frères et sœurs s' explique, la plupart du temps, par une appartenance à des profils opposés. Il est important que les enfants le sachent, pour qu' ils comprennent que leur désaccord, somme toute explicable, ne les dispense pas de faire l'effort de vivre en bonne intelligence. Ainsi, cesseront-ils de croire qu' ils se détestent .

On parle souvent de la mauvaise place occupée par le cadet (le deuxième des enfants) dans une famille nombreuse. La raison en est bien simple , si l' on considère la règle de l'alternance des profils à la naissance . Comme le précise le Dr Racicot ,

«Dans chaque couple et dans chaque paire d' enfants (1 et 2 – 3 et 4) , on trouve: un parent et un enfant de profil auditif , un parent et un enfant de profil visuel .»

(Voir " Préface": le cerveau et les deux profils) .

Autrement dit: si le deuxième enfant est visuel, il pourra se sentir isolé , pris en tenaille entre deux auditifs qui ont en commun bien des affinités . C'est bien entendu le cas inverse, si le cadet est auditif .

Quant aux enseignants, quelle que soit leur discipline , il ne sont pas obligés d'attendre qu'un alinéa , ajouté à la liste des programmes de l'Éducation nationale, ne vienne instituer l'enseignement du comportement mental et des deux profils prédominants, pour en parler à leurs élèves . Sinon, ils risquent de patienter encore longtemps .

J'ai toujours été agréablement surpris de constater à quel point l' initiation au comportement mental des deux profils, pouvait captiver les élèves et bonifier leurs relations en classe. Par la suite, pour tout problème interne, je n'hésitai pas à faire appel à quelques élèves,voire à la classe entière pour m' épauler ponctuellement. Je ne l' ai jamais regretté . A ce propos , il me vient un souvenir .

== **Céline**, était une bonne élève de quatrième. Depuis plusieurs semaines, elle refusait de se rendre au collège. Ses parents étaient désemparés. Un matin, avant la rentrée des élèves, son père vint me voir. Il avait réussi à décider sa fille à reprendre les cours, mais une fois rendue devant l' établissement, elle refusa de sortir de la voiture .

-- *« Céline a une grande confiance en vous , me dit le père , pourriez-vous venir jusqu'à elle pour essayer de la convaincre ? »*

Assis à l'arrière de la voiture, je restai plusieurs minutes à l' encourager, mais en vain . Elle ne cessait de pleurer, sans dire un mot. Je dis au père :

«C'est l'heure de la rentrée , je dois aller superviser la mise en rangs , mais je reviens tout de suite après . En attendant , je vous envoie du monde .»

J' aperçus sur la cour trois filles de quatrième .

« Trouvez-moi trois ou quatre camarades de plus , et allez devant l'entrée de l'établissement . Il faut que vous rameniez Céline en classe . Elle refuse de sortir de la voiture de son père»

Maintenant, la cour s'était vidée. Je m'apprêtai à me diriger à nouveau vers la voiture, quand je vis revenir le «commando» : une dizaine de filles qui entouraient leur camarade Céline. Alors, je m'esquivai, jugeant préférable de ne pas intervenir .

Céline, auditive, n'était jamais parvenue vraiment à s'insérer. Ce jour-là, ce sont les camarades visuelles de sa classe qui l'ont définitivement intégrée. Quand deux ans plus tard, elle quitta le collège pour le lycée, elle n'avait pas rechuté une seule fois .

Les jeunes sont des trésors de générosité. Vous croyez vous adresser à la raison , et c'est le cœur que vous touchez .

---

(1) *La loi du nombre* - Dans l' enceinte de l' école , du collège , ce sont les plus nombreux , les auditifs chez les garçons , les visuelles chez les filles ,   qui vont imposer leurs normes , leurs façons de faire, leurs sentis et   leurs ressentis , à une minorité de camarades, rejetés , marginalisés , du fait de leur comportement mental différent .

Notons , cependant , que l'on pourra parfois rencontrer des   situations inverses . Par exemple , chez les filles , dans certaines circonstances , **la loi du nombre** penchera du côté des auditives   .

C'est ainsi que dans les établissements formant les élèves à   des professions , que le commun appelle : " des métiers d'hommes " , les groupes de filles ne comptent , presque exclusivement , que des auditives , (ce qui ne surprendra plus le lecteur averti). Ici , ce sont les rares visuelles qui se trouvent de fait marginalisées .

L'une d'ell , dans le courrier des lectrices du magazine "Fémina ", témoignait du mauvais traitement qui lui était infligé par ses camarades auditives .

« Je ne sais pas me défendre – J'ai 18 ans, je suis dans un lycée professionnel . Je suis bavarde , gentille , et sans défense . En classe , depuis deux ans , c'est la galère totale , je suis victime de méchancetés, de moqueries et de fausses   accusations . Je me suis faite agresser par une fille de ma classe , personne ne m' a défendue , c'est une fille d' un autre groupe qui est intervenue pour m 'aider .

En rentrant chez moi , j'ai fait une crise de nerfs. Je ne veux plus retourner dans ce lycée. Mon père est allé expliquer mon problème, mais les conseillers principaux d' éducation veulent que je continue mes études .

Que feriez-vous à ma place ? »   (Cindy L.- Reims)

(2)   == **On trouve sur internet , (quand on cherche: «Tests , auditif , visuel») , des sites proposant** des questionnaires permettant à chacun de déterminer quel est son profil prédominant . Faits en général pour les adultes , il faut les adapter à l âge des enfants .

Au début de son livre: *« Êtes-vous auditif ou visuel?» ,* le docteur Lafontaine propose un exemple de questionnaire .

== *Cerveau gauche ou droit ?*

Le site internet:«A RealMe-arealme.com» (visuel ou auditif),vous propose de ré-pondre à un test d'une série de 31 questions , à l'issue duquel vous saurez si vous êtes plutôt cerveau gauche (auditif) ou cerveau droit (visuel), et dans quelle proportion .(Par exemple: cerveau droit 36% , cerveau gauche 64%) .

ANNEXE I

LES AFFINITÉS À L' ÉCOLE

1 /AFFINITÉS : ÉLÈVES PROFESSEURS .

Un blocage scolaire, sera souvent la conséquence d' une mésentente entre l'élève et son enseignant, résultant de l' incompréhension réciproque d' un visuel et d' un auditif .

Tout enseignant a déjà entendu certains propos excessifs tenus en salle des professeurs ou en conseil de classe, du style :« C' est un imbécile », «Il est bouché», «Elle est stupide». Je me souviens, un soir de conseil de classe, du réquisitoire implacable d'une enseignante concernant l'un de ses élèves. Je me risquai à demander:
- *«Comment pourrait-on aider ce garçon ?»*
La réponse fut sans appel :
- «On ne fera jamais boire un âne qui n ' a pas soif».

Certains enseignants, (ils sont heureusement loin de constituer la majorité), se considèrent comme offensés par les élèves en difficulté.Des professeurs d' une aussi grande valeur ne méritent-ils pas qu' on ne leur confie que des classes de petits génies ? Il est vrai que c' est moins contraignant, moins fatigant, de ne s 'occuper que d 'élèves qui n'ont nul besoin de vous pour apprendre et progresser .

Combien de parents ai-je dû réconforter, parce qu' un enseignant de CM2 ou de 6°, leur avait enlevé tout espoir de voir un jour leur enfant sortir dans de bonnes conditions du système scolaire !

J 'ai souvent vu d' anciens élèves de l'établissement revenir à l'école, après de brillantes études, qui tenaient à faire part de leur réussite aux instituteurs, aux institutrices, aux professeurs, qui les avaient autrefois trop vite condamnés, n'ayant pas su ou n'ayant pas compris alors, que leur profil mental était bien différent de celui de ces élèves-là .

Voici, à l' usage des parents, comment décoder les propos de leurs enfants et de leurs camarades .

Peut-être entendrez-vous dire:*«L'an dernier j' avais un bon professeur de maths (de maths ou d 'une autre matière) . Celui de cette année est nul»* .

Vous penserez aussitôt : *«Cette élève avait l' an dernier un professeur qui avait le même profil mental qu 'elle . Ce n 'est plus le cas avec l 'enseignant de cette année .»*

Si une camarade objecte, parlant des mêmes professeurs, que celui de cette année lui a fait faire des progrès, alors qu'elle n 'avait rien compris en maths l' année précédente, c' est que les deux enfants ont un profil opposé. L' une des deux est visuelle , l' autre est auditive.

La voix

La voix de l' enseignant a son importance, les auditifs y sont très sensibles. Ils ont souvent du mal à suivre durablement le cours de certaines enseignantes, des visuelles, essentiellement des soprani, qui ont tendance à surélever la voix quand elles expliquent la leçon, ou lors des rappels à l'ordre; alors qu' elles auraient tout intérêt, pour capter l' attention, à faire l'effort de poser leur voix .

La voix grave des auditives, qui sont des alti, passe mieux, fatigue moins une majorité de garçons. Ces enseignantes, parce qu'elles captent plus aisément l'attention, n'ont généralement pas de problème d' autorité .(1)

Cours particuliers .

Chef d'établissement, si des parents me disaient avoir l' intention de demander au professeur de maths de la classe de donner des cours particuliers à leur enfant, je les en dissuadais. Je savais qu' un enseignant qui intervient auprès d' un élève pendant plusieurs heures par semaine, qui se préoccupe particulièrement de ses difficultés puis, le cas échéant, le garde après la classe, le convoque pendant la récréation en cours de soutien, (et tout cela sans succès, puisque on envisage des cours particuliers), n' est pas, du fait de son profil, le plus apte à le sortir de son blocage .

L' exemple concerne ici les mathématiques , c' est le cas le plus courant, mais cela vaut aussi pour toute autre matière ,(français , physique , etc.....)

Ne croyez pas pour autant que le professeur qui sollicite régulièrement votre enfant, lui en veut. Un jour, une mère de famille très remontée entra avec son fils dans mon bureau. Il était, se plaignait-elle, victime de brimades de la part de son professeur de maths. Je demandais plus de précisions à l 'élève .

--«A chaque heure de cours , il m 'envoie au tableau !»

J' eus toutes les peines du monde à le persuader qu' il devait plutôt remercier son professeur qui, au lieu de vouloir le faire progresser, aurait très bien pu l' oublier au fond de la classe, près du radiateur .

Cours de soutien .

On le comprendra, les cours de soutien méritent d' être soigneusement organisés, pour permettre à chacun des élèves en difficulté d' avoir la possibilité de solliciter l'aide de l' enseignant pour lequel il se sent le plus d' affinités. Cela suppose une mise en place du soutien, à la même heure, pour un même niveau de classes, (ou pour des niveaux voisins), afin que chaque élève puisse choisir entre plusieurs professeurs et puisse facilement en changer

Le tutorat .

C 'est faire appel à de bons élèves, volontaires, (des lycéens, des troisièmes, par exemple), qui accepteront d'aider pendant les récréations de jeunes camarades (de 6°, 5° ou 4°). On fera la même réserve que plus haut. La meilleure efficacité viendra d'un visuel qui expliquera à un visuel, d'un auditif qui aidera un autre auditif.

Le cas suivant se présente régulièrement. Comme les cours de soutien ont lieu le plus souvent, par commodité pratique, pendant la récréation, des élèves pour rester avec leurs camarades. demandent de pouvoir bénéficier eux aussi du soutien, (C'est souvent vrai pour les filles du collège, qui vont par deux dans la cour). Leur refuser l'autorisation, sous le prétexte qu'ils suivent sans difficulté dans la matière concernée, serait une erreur. L'aide qu'ils apporteront à leurs camarades sera souvent déterminante.

Des enseignants vous expliqueront que ce bon résultat est dû au fait que les élèves se parlent avec un vocabulaire d'enfants, et donc se comprennent parfaitement bien. Ce n'est pas la bonne interprétation.En fait, si les deux élèves se sont liés d'amitié, c'est qu'ils ont le même profil . On est donc en présence, selon le cas, d'un visuel qui a aidé un visuel, ou d'un auditif qui a sorti de son blocage un autre auditif .

2 /AFFINITÉS DANS LE CORPS ENSEIGNANT

On remarque, au sein des établissements, une tendance des professeurs à nouer des relations privilégiées, plus particulièrement avec les collègues dispensant la même matière ou des disciplines voisines de la leur, sans qu'il y ait nécessairement d'antagonisme entre les littéraires et les scientifiques. On parlera de centre d'intérêt commun,de pratiques similaires dans les méthodes d'enseignement.Ce n'est pas faux, mais les enseignants n'abordent pas toujours, entre eux, que des sujets exclusivement d'ordre professionnel et pédagogique . En réalité , ce qui les rapproche, ce sont leurs affinités . On se comprend mieux entre auditifs, entre visuels. Les professeurs de maths, de physique , d'histoire, seront plutôt des auditifs .Les littéraires, des visuels.

Le corps professoral vit toujours avec appréhension, toute nouvelle nomination à la tête du lycée ou du collège. L'arrivée d'un chef d'établissement, plus directif, pourra combler ceux des auditifs qui auraient à reprocher un certain laxisme à son prédécesseur. Elle inquiétera, par contre, les professeurs plutôt visuels qui appréciaient, chez ce dernier, le sens du dialogue et la souplesse de direction .

A l'inverse, la nomination d'un chef d'établissement, de formation littéraire, pourra être de nature à rassurer les visuels et à désappointer les auditifs .

Les professeurs de matières scientifiques, en général auditifs, ceux des disciplines littéraires, le plus souvent visuels, ont une approche bien différente, s'agissant de la gestion , de l'administration des élèves et du personnel enseignant.(2)

---

(1) *Dans un chœur , dans une chorale , les vrais* **ténors** *, les* **haute- contre** *, les* **contre-ténors** *, sont de vrais* **visuels***. Si la voix de haute-contre est proche de celle des soprani , elle reste masculine par sa force et la sonorité de son timbre .*

La voix **alto**, est celles des vraies **auditives** .

La voix de baryton , proche de la voix parlée , est celle de 60 % (environ) des hommes , qui ont des ressources visuelles et auditives assez bien réparties , (au point qu'ils hésitent, parfois , à se prononcer sur la nature de leur profil dominant).

Ces barytons, dans les chœurs à quatre voix, selon leur tessiture, iront renforcer la partie des basses, ou celle des ténors . Ils seront en général limités dan les notes les plus aiguës pour la partie ténor , sinon dans les notes les plus graves , chez les basses .

Quant à la voix mezzo , proche aussi de la voix parlée , elle est celle d' une majorité de femmes qui , à défaut de partition pour leur tessiture , iront renforcer la partie des alti ou celle des soprani . .

ANNEXE II

METHODES DE MEMORISATION

Certaines matières exigent de grands efforts de mémoire. L'histoire, la géographie, la grammaire, avec ses règles, ses verbes réguliers et irréguliers ; les maths, riches en théorèmes et en définitions .

Le professeur devrait bien se garder de ne présenter aux élèves, voire de ne leur imposer, qu'une seule méthode , la sienne, pour l'apprentissage des leçons .

En classe de seconde , nous avions un professeur d' histoire qui tenait à ce que tous les élèves suivissent strictement la façon de faire qu' il préconisait, à savoir: souligner au crayon bleu ou rouge , les phrases et les passages jugés plus importants. Si la méthode pouvait convenir à certains, il ne nous fut pas possible de l' appliquer, dans la mesure où cela faisait bien des années que les pages de nos livres d' histoire, fournis et repris par 'établissement, avaient été soulignés d' abondance par les élèves qui, d' année en année, nous avaient précédés .

Les auditifs , les visuels

Jeune instituteur, j' ai commis la même erreur, en indiquant à mes élèves la méthode qui m'avait si bien réussi, au lycée et à la fac. Elle consistait (par exemple en géographie, en histoire), à copier sur une fiche, le plan du chapitre - selon le cas, plus ou moins détaillé -, de l'apprendre par cœur, avant de relire plusieurs fois le texte en question. Les connaissances alors se coulaient bien à leur place et se fixaient dans la mémoire en épousant parfaitement la structure du plan détaillé,(appelé:le squelette de la leçon).

Cette façon de faire, adaptée certainement à un grand nombre d'auditifs, ne conveniaient pas, du moins complètement, aux visuels qui, lors des récitations orales ou écrites, sont plutôt guidés par les images qui s' affichent dans leur mémoire . Ils voient les pages du livre avec leurs illustrations, la place des photos, la disposition des titres, la succession et l 'importance des paragraphes

Les auditifs, quant à eux, sont sensible à la voix. Un de mes neveux, en classe de troisième, me disait avoir de grandes difficultés à apprendre dans son livre, quand il avait été absent au cours. Ce qui lui manquait, c'était de n'avoir pu graver dans sa mémoire la voix du professeur expliquant la leçon .

On conseille aux auditifs, lorsque les lieux s'y prêtent, de s'isoler pour pouvoir lire et réciter, plusieurs fois et à haute voix, le texte ou le chapitre à étudier.

Les kinesthésiques

J' ai connu des établissements où certains élèves étaient autorisés à sortir de la salle d'étude . Ils déambulaient dans les couloirs , ou descendaient marcher dans la cour, le livre ouvert à la main. Les kinesthésiques ont besoin de bouger, de marcher pour apprendre . Ce sont les mêmes, en classe, qui ne peuvent fixer leur attention, quand le professeur explique la leçon, s' ils n'ont à la main une gomme, un crayon, un objet quelconque à manipuler .

Si, agacé par leur comportement, le professeur veut interroger l' un d'eux, il pourra se rendre compte que l 'élève n' a rien perdu de son explication. Lui faire poser l' objet , c'est comme priver d' antenne un récepteur .

La mémoire de la main .

J'ai le souvenir d'un camarade de terminale qui, tous les soirs de la semaine, avait la permission de rester en classe . Il rejoignait le dortoir, tard dans la nuit . Pour réviser avant le bac, il passait de longues heures à recopier sur des cahiers, les cha-pitres des manuels. Pour lui, faire le résumé de chaque leçon ne suffisait pas pour mémoriser les connaissances. La main devait tout écrire .

La contagion du lieu

Tous les enseignants connaissent le cas de ces élèves qui, aux dires de leurs parents, savaient la veille, à la perfection, leur leçon et qui, le lendemain, restent sans voix en classe, au moment de la réciter .

Ce sont essentiellement des kinesthésiques, sensibles à l 'environnement hu-main et à l'atmosphère du lieu. S'ils en changent, ils sont désorientés et leur mémoire en est affectée .

A ceux-là, je recommandais:

«En classe, quand vous récitez, imaginez que vous êtes en fait à la maison , dans les conditions où la veille vous récitiez la leçon à votre maman .»

Un de mes collègues conseillait l' inverse , mais c'était dans le même esprit:

« Quand vos parent vous questionnent sur la leçon , fermez les yeux et essayez de vous représenter la classe du lendemain , les camarades et le professeur en train de vous interroger .»

ANNEXE III

L ' AMITIÉ ENTRE UN HOMME ET UNE FEMME
EST-ELLE POSSIBLE ?

L'amitié n'est qu'un moyen élégant et
commode de fuir la solitude .
André Giroux

Nous avons tous lu dans des magazines ce genre de débats :" l' amitié entre un homme et une femme est-elle possible?' 'Certains lecteurs répondent par l'affir-mative, d'autres sont convaincus du contraire. Pour ma part, j' aurais répondu que tout dépend des profils respectifs (auditif ou visuel) de l'homme et de la femme .

Un jour, en navigant sur la toile, j' ai fortuitement découvert un forum qui avait pour thème:

«La phrase la plus ridicule que l'on vous ait dite. Que vous l'ayez entendue hier ou il y a vingt ans, vous vous souvenez toujours de cette petite phrase qui vous a estomaqué .»

Une internaute , Maud , témoignait :(17 juin 2008)
-- Quelle est cette phrase?
– *«Ce n' est pas possible de sortir ensemble, je t 'aime trop comme amie»*
-- Qui vous a dit ça?
–*«Nico , un garçon dont j'étais éperdument amoureuse et à qui je venais de déclarer ma flamme .»*
-- Quelle a été votre réaction sur l ' instant?
– *«J ' ai trouvé cette raison ridicule , on est quand même resté amis , mais j' ai jamais su la vraie raison et pour être franche , dix ans après , j'aimerais savoir .»*

* * *

À l'époque, je préparais un article sur les profils complémentaires dans le mariage. Interpellé par le désir exprimé par Maud de savoir, je consacrai quelques minutes à mettre en ligne mon commentaire .

Michel Rondé-Oustau à Maud :
C'est vous-même qui confirmez le bien fondé de la réponse de Nico:
--*« On est quand même restés amis ».*

On ne se marie pas avec ses vrais amis. Le dicton populaire dit aussi que l'on épouse pas un ami (une amie) d'enfance. Je parle d' ami(e) vrai(e), pas d'un(e) simple camarade.

Loin de moi la prétention de vouloir donner une explication irréfutable, je ne vous connais pas, je ne sais rien de Nico. A mon sens deux hypothèses probables se présentent :

== **Première hypothèse :**

Nico est un « visuel ». 15% (environ) **(1)** des garçons le sont, contre 85 % (environ) de filles. Son «comportement mental » est voisin du vôtre, car il est visuel (comme celui de la grande majorité des filles). Vous avez un grand nombre de points communs (goûts, conception de l'existence, priorités, par ex…). Mais, si les amis se trouvent par affinités, les mariages se font par complémentarité . Ce sont souvent les couples qui semblent les plus mal assortis qui durent le plus longtemps. S'il y a entre vous et Nico, une complicité du cœur, c'est celle de l' amitié, pas celle de l' amour. Il vous aime beaucoup, mais ne ressent aucun élan sexuel, élan qu'il pourrait avoir pour une auditive (15% des filles, environ, le sont.)

== **Deuxième hypothèse, le cas inverse.**

Vous faites partie des 15 % de femmes auditives, qui ont souvent eu du mal, dès l'école, à se faire des camarades filles, sauf à trouver une autre auditive, parfois dans un autre classe que la sienne, puisque les auditives sont très peu nombreuses aux milieu des visuelles. Autre solution jouer avec les garçons dont on se sent proche mentalement . (85% environ sont auditifs).

Mais pour le mariage, trouvera-t-on un visuel? Les visuels sont relativement rares (15%). Faute de visuels, on pense alors à ses amis garçons auditifs. Ce n'est pas le bon choix, pour les mêmes raisons que celles évoquées plus haut.

Beaucoup de visuels restent célibataires ou on du mal à se remarier. C'est la même situation pour grand nombre d'auditives. A ceux-là, quand ils me font l'honneur de se confier, je conseille d' essayer les agences matrimoniales, où les visuels et les auditives, en mal de partenaires, constituent la grande majorité des candidats.»

*   *   *

Il y eut une réaction à mon commentaire

Un homme

«Merci pour votre longue explication ! Je ne savais pas qu'il y avait 85% de garçons "auditifs" et autant de filles "visuelles" !

Maintenant, j'ai tout compris! Compris pourquoi ma meilleure amie n' a presque que des amis hommes !

Compris pourquoi elle et moi on est "que amis" et qu'on n'ait pas fini en amour (comme diraient les Canadiens).

Compris pourquoi j'ai du mal à trouver "ma perle rare" (trop rare sans doute) ?
Compris pourquoi , moi , j'ai que des amies femmes !
C'est hallucinant comme c'est juste »

---

(1) **15 %** : A l'époque , je n' avais pas encore recoupé mes données avec les résultats de plusieurs chercheurs dans des disciplines voisines . (Aujourd'hui , j' aurais écrit : 20% .de visuels , 80% d' auditifs , 20% d'auditives , 80% de visuelles)

Annexe IV

Quand auditifs et visuels font leur cinéma .

Le temps du Muet .

Tristan Bernard se plaisait à dire : *« Le cinéma était muet de naissance .»*
Mais il n'en était pas moins sonore. Les directeurs de grandes salles enga-
geaient des orchestres qui jouaient pendant la projection des films, essayant d' adapter
la musique aux changement de scènes, alors que des bonimenteurs,au fur et à mesure,
expliquaient et commentaient pour la salle . Dans les petits cinémas, on se contentait
d' un pianiste .

L' absence de dialogue audible, car les acteurs ne se privaient pas de parler,
les amenait à amplifier le geste, à théâtraliser les attitudes et à forcer l' expression
de leurs visages pour mieux faire passer les émotions. Les spectateurs, déchiffraient
néanmoins sur l'écran, de temps à autre, entre les séries d' images, quelques rares
paroles écrites en encadrés .

Le langage, essentiellement de gestes, de mimiques, ne pouvait privilégier
les acteurs auditifs. Les grands artistes du muet étaient des visuels :Buster Keaton,
Max Linder, Harold Lloyd, Rudolph Valentino ,.....

L 'avènement du cinéma parlant, vers 1926, mit un terme à la carrière de la
plupart d' entre eux, incapables d'adapter leur jeu aux nouvelles conditions du tourna-
ge. Il y eut quelques exceptions:Charly Chaplin, Laurel et Hardy, Charles Vanel, Jules
Berry, Raimu, Pierre Fresnay, Greta Carbo, Marlène Diétrich, Françoise Rosay,
Madeleine Renaud,…qui poursuivirent avec bonheur leurs brillantes carrières.

Les réalisateurs .

Le cinéma parlant a donné toute leur place aux auditifs, sans pour autant
pénaliser les visuels. C'est aujourd'hui le «casting » (vilain mot) qui détermine ceux
qui apparaissent les plus aptes à assurer les rôles distribués. Si certains, du fait de leur
comportement mental, seront toujours cantonnés dans le même registre d' acteurs,
d'autres ayant des aptitudes à la fois auditives et visuelles, pourront jouer dans leur
carrière une multiplicité de personnages fort différents .

Mais c'est par rapport aux réalisateurs que l' analyse est intéressante . Il y a
réellement des films de visuels et des films d 'auditifs .

A mon sens , plusieurs critères permettent de les classer:
= L' importance déterminante donnée au dialogue. Ou la place réservée aux

situations, aux postures , aux portraits, à l' observation des comportements .

= La prétention à faire passer un message. Ou le projet purement dérivatif .

= Le thème du scénario concerne un fait politique, philosophique, des phénomènes de société. Ou c'est un récit d ' aventure , une comédie .

Le Bon Film

On connaît la répartie de William Goldman :*« Ce n'est pas parce que c'est un
succès qu'un film est bon . Et ce n'est pas parce qu'un film est bon que c'est un succès .»*

En fait, un film apprécié, jugé bon par des auditifs n' emportera pas forcément la même adhésion de la part des visuels. De la même manière, un film, plébis-
cité par les visuels, pourra apparaître comme un véritable "navet", vu par des auditifs.
Restent ceux qui, bien pourvus à la fois en qualités auditives et visuelles, composent
bien sûr le meilleur des publics .

La Critique .

Quand William Goldman estime qu'un succès n'est pas forcément un bon
film, as-t-il raison dans tous les cas ?
On a l'habitude d' observer que certains films dédaignés,voire massacrés par
la critique, obtiennent parfois un succès populaire qui sonne comme un désaveu.
Certes, le matraquage par les médias pourrait contribuer à remplir les salles,
mais je n' y crois pas tellement car, si le film est vraiment mauvais, il ne tiendra pas
longtemps à l' affiche. En la matière, le bouche à oreille ne fonctionne pas mal .

Les critiques de cinéma, par la nature même de leur fonction, se recrutent, je
pense , plutôt parmi les auditifs, car c'est un trait de leur caractère que de se vouloir
gens sérieux, rationnels et raisonnables. Ils ont une tendance à intérioriser et à vouloir
tout intellectualiser. Pour nombre d'entre eux, la comédie ne peut être que puérile et
le rire futile. Rappelez-vous les sarcasmes qui, à l'époque, avait accueilli la sortie des
films de Louis de Funes, avant qu' ils ne soient, au fil des années, plébiscités par le
public visuel, comme de bons classiques du rire. Louis de Funes, André Bourvil, le
producteur J. Oury, étaient des visuels .
De la sorte, on comprend mieux le dépit de Daniel Hamidou,dit Dany Boon,
justifiant son absence aux «Césars» de 2009:
*«Le succès fait des jaloux, alors je n'irai pas aux"Césars". Je propose en revanche
que l'on créé un "César" de la meilleure comédie pour l' année prochaine, car la comédie,
c'est quand même la base du cinéma »*
Dany Boon se trompe. Les membres du jury ne sont pas "jaloux" mais, en
majorité, auditifs. L'humour des visuels leur échappe .

Les spectateurs, purs auditifs, ne supportent pas Louis de Funes, lui repro-
chant ses mimiques, ses tics, ce qu'ils jugent être des grimaces. Ils sont plutôt pour
un comique de mots, de réparties, plus proche du théâtre, comme dans les films de
Sacha Guitry. Il est rare de trouver des auditifs qui n'apprécient pas Raymond Devos.
On trouvera plus facilement des visuels qui se lassent de ses jeux de mots.

Les premiers seront sensibles aux films dramatiques, aux conflits de sentiments, alors que les visuels seront vite fatigués par la densité des dialogues, qui
sont, à leurs oreilles, un verbiage inutile. Ils apprécieront les films de Jacques Tati,
pour qui le dialogue n' a que peu d' importance et fait partie d'un fond sonore des-
criptif. Pour eux, priment l' image, le geste et le comique de situation .

Le public amateur des salles «d'Art et d' Essai» , lui, sera plutôt auditif .

Marcel Pagnol reconnaissait que malgré le succès de ses films, somme toute,
il n' avait pas été vraiment reconnu. Les détracteurs de ses films parlaient de théâtre
filmé .

Bien des films de Marcel Pagnol sont remarquables de profondeur et d' hu-
manité. Cela aurait dû plaire à nos critiques de cinéma.Certes, il était auteur de pièces
de théâtre, celles de «César», de «Marius» et de «Fanny», mais il mêlait l'humour au
drame et savait insérer, au milieu du tragique, d' innombrables scènes à situations
comiques .

S'il avait la sensibilité, la profondeur des auditifs, il était aussi, et avant tout,
un visuel .

RETOUR EN COURS PRÉPARATOIRE

DELPHINE

La dame entra , suivie d'une gamine d'une dizaine d'années .

-- *«Nous connaissons,* me dit-elle, *deux familles qui ont des enfants dans votre école. Les parents m'ont vivement conseillé de venir vous trouver .*

Ma fille double cette année son CE1 , mais sa maîtresse veut la faire passer directement en CE2 . Elle estime que Delphine perd son temps à l'école , car elle ne sait pas lire . Elle pense que plus vite elle terminera sa scolarité , mieux ce sera pour elle .»

Je l'interrompis:

- *«Nous n'avons pas de place disponible en CE 1 , mais si votre fille ne sait pas lire, c'est le Cours préparatoire qu' elle aurait dû refaire .»*

-- *«Monsieurle Directeur, il faut en effet que je vous le dise: Delphine a déjà fait deux C.P.,et un CE1.C'est pourquoi, cette année, mon mari et moi-même, nous nous opposerons à son passage en CE2 , tant qu'elle n'aura pas appris à lire .Ne pouvez-vous vraiment pas l'inscrire chez vous en CE 1 ? .»*

Jusque là, l'enfant, assise bien droite sur sa chaise, me regardait en souriant. Elle tourna la tête vers sa mère , le regard réprobateur .

-- *« Mais , je sais lire!»*

-*« Non! Tu ne sais pas lire ,* trancha la mère»

-- *« Quand vous dites qu'elle ne sais pas lire, voulez-vous dire qu' elle bute sur les mots? Qu'elle hésite? Ou bien qu'elle inverse les syllabes?*

-- *« Non , Monsieur le Directeur , elle - ne- lit- pas .»*

L' enfant , inquiète quant à l' issue qui serait réservée à sa demande d'inscription , se tourna à nouveau vers sa mère , en roulant de grands yeux noirs ombrageux .

--*« Mais si , je sais lire»* .

-- *« Mais non ,* reprit sèchement la mère , *tu n' es pas capable de déchiffrer un seul mot».*

J'allai trouver la secrétaire pour lui demander le service d'aller remplacer un moment Sœur Marguerite en classe de CP , car j'étais désireux de connaître son avis .

Deux ou trois minutes après, la sœur arriva, essoufflée d' avoir pressé le pas pour traverser la cour .

-- *« Ma Sœur , j'aimerais que vous me donniez votre avis , cette fillette prétend savoir lire . Sa maman affirme le contraire .»*

-- «Ah! si j' avais su qu'il s'agissait de la lecture! Pouvez-vous patienter quelques ins-
tants, je retourne en classe chercher un livre ?

A peine avait-elle tourné les talons que l'enfant l'arrêta .

--*« Mais , Ma Soeur , j'ai mon livre .»*

-- *« Comment , fit la sœur , tu as apporté tes affaires de classe ! »*

C'est la maman qui répondit:

--*« Je lui ai bien répété que ce n'était pas nécessaire , mais Delphine est une entêtée .
Elle était persuadée qu'on allait l'inscrire immédiatement » .*

La sœur eut un sourire attendri. L' enfant , visiblement , avait marqué des
points.

-- *« Voyons . Lis-moi ce passage ....celui-ci ..»* Elle tourna plusieurs pages : «*Encore
ici ... , et là ...»*

Elle rendit le livre à la fillette.

--*« Monsieur le Directeur, il n'y a pas de problème de lecture , cette enfant lit couramment . »*

Elle sortit , ferma la porte , mais se ravisa aussitôt .

—*«Voyons! redonne-moi ton livre .»*

Cette fois , elle l'ouvrit en son milieu . L'enfant protesta:

-*«C'est que , ma Sœur , on n'est pas encore arrivé à cette page »*

--*«J' y compte bien . Mais, je vois des mots que tu as déjà trouvés dans les pages
précédentes . Tiens! ce mot ..., celui-ci ..., celui-là... .»*

L'enfant resta muette, incapable de reconnaître un seul nom,un article ou une
préposition. Ayant entendu, tour à tour , ses camarades lire en classe, elle connaissait
les textes par cœur .

Après le départ de la sœur , je repris le fil de la conversation ..

*« On y voit plus clair , à présent . Même dans le cas où une place se libérerait en
CE1 , je ne vous la proposerais pas , cela ne servirait à rien .*

*Si vous voulez vraiment aider votre fille , j'ai une proposition à vous faire ,c'est de
lui permettre de refaire une année dans l'un de nos deux cours préparatoires . Comme le
C.P. est la classe des premiers apprentissages , l' effectif par classe a été limité à vint-quatre
élèves. On pourra donc sans problème ajouter un bureau de plus .»*

La dame se rebella avec vivacité:

-- *«Mais, Monsieur le directeur, je me suis mal faite comprendre . Delphine a déjà fait
deux CP et un CE1 ; CE1 qu'elle double cette année . Vous n'y pensez pas! La mettre dans
une classe de petits ! Les filles de son âge , quant à elles , ne sont pas loin d'entrer en
sixième .*

J 'entrepris de la rassurer. La priorité des priorités n'était-elle pas que Delphine apprenne enfin à lire ; à moins d'accepter qu'elle ne restât handicapée toute sa vie ?

Elle devait saisir cette chance, rare, qui lui était offerte de pratiquer la méthode traditionnelle de lecture. Peu importait son âge, celui des autres enfants, ainsi que tout autre considération.

J'ajoutai à mi-voix :

-- *« Faites-nous confiance. Ni vous, ni votre fille ne le regretterez. Quand elle maîtrisera la lecture , on pourra la soutenir en français et en mathématiques et , la maturité de son âge aidant , lui faire brûler bien des étapes . Vous verrez qu' en sixième , elle ne sera plus très éloignée des enfants de son âge . Avant tout autre chose , il est primordial qu' elle sache lire , et ce n'est pas en CE1 qu'elle pourra le faire .»*

A voir le désarroi , la déception de la maman , j'avais le cœur serré. J'étais bien conscient que je lui forçais la main , mais c'était dans l'intérêt de la petite .

Je me tournai vers Delphine:

-- *«Vous allez finir la semaine dans votre école et rendre vos livres . Lundi , sœur Marguerite vous donnera ceux de sa classe».*

Au seul nom de «Sœur Marguerite» , la fillette et sa maman avaient retrouvé le sourire ..

* * *

Delphine, je l' avoue , sortit complètement de mon esprit. Pris par mes foncions d'enseignant et les tâches d'une direction d'école, je l'avais chassée de mes préoccupations, d'autant plus que pour moi , l'ayant mise en de bonnes mains , son problème était comme déjà résolu .

Les semaines et les mois passèrent, l'hiver et ses frimas aussi. Vint le jour de la sortie pour les congés de Pâques. Comme à chaque fin de trimestre, j'avais passé la journée à faire le tour des classes , pour rendre les moyennes et les appréciations trimestrielles, reportées sur de grands cartons à trois volets .

Vers le milieu de l'après midi, je pénétrai dans la classe de Sœur Marguerite. A son nom, l'élève se levait, se tenait debout entre la table et le banc du bureau, les mains croisées derrière le dos . Vint le tour de Delphine.

J'avais commencé à lire ses moyennes quand la sœur m'interrompit .

-- *«Oh! Monsieur le Directeur, j' ai quelque chose d'important à vous dire .»*

Toutes les têtes , avec un bel ensemble , s' étaient tournées vers la sœur, appuyée au mur près de la porte d'entrée. La classe intriguée était suspendue à ses lèvres.

« Oui , Monsieur le Directeur , j'ai une grande , une très grande nouvelle à vous annoncer. Ça y est, Delphine sait lire ! »

Une salve d' applaudissements crépita dans la salle. Les camarades heureux, battaient des mains en riant .

De toute ma vie, il ne me fut jamais donné de voir un autre visage à ce point déformé par l' émotion. Delphine, se mit à tituber, appuya les paumes de ses mains sur le bord de la table pour ne pas tomber. Des flots de larmes roulaient le long de son nez, se rejoignaient au menton , pour se déverser en cascade sur ses mains .

La sœur n'avait fait qu'un bond auprès d'elle. Elle l' avait prise dans ses bras et la faisait asseoir, lentement, délicatement .

Je ne pus m'empêcher de penser à ce qu'avait pu être, depuis près de quatre ans, la vie triste et tourmentée de cette pauvre enfant, à son terrible désarroi de s'être crue fautive, sans espoir de s'en sortir. Elle ne savait pas et ne pourrait jamais lire .

Comment ne pas imaginer qu' une institutrice démunie,face à son inertie, puisse quelque fois s'emporter avec, pour fond sonore, le rire cruel des enfants. Car, c'est bien connu – et comment pourrait-t-il en être autrement – les petits sont toujours du côté de la maîtresse. Seulement, la vraie coupable, dans cet échec mortifiant, ce n'était pas Delphine, mais l' enseignante avec sa détestable méthode de lecture .

Ajoutez à cela l'angoisse des insomnies, le sommeil agité, le stress du lever, un petit déjeuner sans appétit .

Maintenant, tout ça , c'était fini . Elle s'était sentie si seule, si malheureuse et tellement dépréciée

Fini , de voir les parents soucieux, et malheureux de ne pouvoir l'aider. Elle aurait tant voulu les satisfaire, leur faire plaisir. Parfois,elle les avait entendus, le soir, qui parlaient à voix basse. Eux pensaient qu'elle dormait. Mais la nuit, les voix grimpent le long des murs et se faufilent dans les conduits de cheminée. La gorge serrée, elle les entendait qui s' inquiétaient .

Et puis , il y avait eu les moments de découragement, de tristesse rentrée, et cette immense détresse, quand on se cache pour mieux pleurer .

Les vexations , les moqueries de cours de récréation, les déceptions et l'angoisse, l' appréhension quotidienne du lendemain , c'était enfin fini!,.. bien fini ..!.

Tant et tant de souffrances accumulées venaient de s'évacuer .

A l'instant .

*

Contact:

playalde@yahoo.fr